SECRETOS REVELADOS DE UN ENSAMBLADOR: TÉCNICAS DE ENSAMBLAJE Y MANTENIMIENTO DE COMPUTADORAS Y REDES LAN

ING. WILMER ALBERTO BAZÁN CENTURIÓN

INTRODUCCIÓN

En el corazón de toda creación hay un proceso meticuloso, una sinfonía de habilidades y pasión que dan vida a la maravilla del ensamblaje como del buen mantenimiento. En estas páginas se puede ver reflejado el testimonio de manos diestras y mentes creativas, revelando los secretos detrás del arte del ensamblaje y el mantenimiento, desde las herramientas básicas y el equipo especializado a utilizar para tal fin, hasta las técnicas adecuadas en donde el producto final, quedará en óptimas condiciones de operatividad, donde cada pieza tiene su lugar y cada unión cuenta una historia, además de alargar el tiempo de vida útil de cada equipo con un buen plan para su mantenimiento.

En estos capítulos, se desvela la esencia misma del arte del ensamblaje, como de cada mantenimiento. Aplicando todos los conocimientos básicos vistas en los capítulos anteriores, hasta las técnicas más refinadas en base a experiencias, cada página es un portal hacia un mundo donde la precisión se entrelaza con la creatividad, y la paciencia se combina con la destreza. Aquí, los secretos se comparten con generosidad, mostrando cómo la dedicación y la atención a los detalles son los cimientos sobre los que se erigen estructuras duraderas y significativas.

Estos capítulos se pondrán en práctica las habilidades humanas, además de todo lo ya aprendido, al transformar elementos individuales en algo más grande que la suma de sus partes. Con el contenido de estos capítulos se pretende inspirar a los aprendices, a nutrir la curiosidad de los entusiastas y a honrar el arte del ensamblaje en todas sus formas, así cómo un adecuado mantenimiento en el momento preciso lo puede camiar todo. Prepárate para adentrarte en un universo de creación, unión y planificación, donde todos los secretos de un ensamblador se te son revelados.

El Autor

ÍNDICE

INTRODUCCIÓN--3

CAPÍTULO IV: TÉCNICAS DE ENSAMBLAJE PARA UNA COMPUTADORA. --15

4.   TÉCNICAS DE ENSAMBLAJE --15

4.1.   ENSAMBLADO DE UNA MICROCOMPUTADORA---------------------------15

4.2.   KIT DE HERRAMIENTAS BÁSICAS DEL ENSAMBLADOR -----------------------17

4.3.   RECOMENDACIONES GENERALES A TENER EN CUENTA EN EL ENSAMBLAJE DE UNA COMPUTADORA--22

4.4.   SECUENCIADO DEL MONTAJE--26

4.5.   CONSEJOS QUE SE DEBE TENER EN CUENTA AL COMPRAR UNA COMPUTADORA 53

CAPITULO V: MANTENIMIENTO DE COMPUTADORAS -------------------------59

5.   HERRAMIENTAS BÁSICAS PARA EL MANTENIMIENTO --------------------59

5.1.   TIPOS DE MANTENIMIENTO --65

5.1.1.   MANTENIMIENTO GENERAL: --65

5.1.2.   MANTENIMIENTO PREDICTIVO:--66

5.1.3.   MANTENIMIENTO PREVENTIVO: --------------------------------------69

5.1.4.   MANTENIMIENTO CORRECTIVO: --------------------------------------70

5.1.5.   MANTENIMIENTO PROACTIVO: --75

5.1.6.   MANTENIMIENTO EVOLUTIVO:--78

5.2.   PLAN DE MANTENIMIENTO--82

5.3.   ¿PARA QUE SIRVE EL MANTENIMIENTO DE UNA COMPUTADORA?-83

5.4. ¿CADA CUANDO TIEMPO SE DEBE SOMETER A MANTENIMIENTO UNA COMPUTADORA? ---84

5.5. ¿QUÉ DEBO HACER ANTES DE EMPEZAR A LIMPIAR UNA COMPUTADORA? --85

5.6. ¿CÓMO LIMPIAR UNA COMPUTADORA?-------------------------------------86

5.7. PLAN DE ACCIÓN PARA EL MANTENIMIENTO DE UNA COMPUTADORA ---86

5.8. MANTENIMIENTO DE HARDWARE --90

5.8.1. REVISAR LOS CONECTORES INTERNOS Y EXTERNOS DE LA COMPUTADORA: ------91

5.8.2. LIMPIEZA DEL MONITOR: --91

5.8.3. LIMPIEZA DE MOUSE: ---93

5.8.4. ¿CÓMO LIMPIAR EL TECLADO? ---94

5.8.5. LA SUPERFICIE EXTERNA DE UNA COMPUTADORA Y SUS PERIFÉRICOS: --------------99

5.9. MANTENIMIENTO DE SOFTWARE --101

5.9.1. DEPURACIÓN --102

5.9.2. OPTIMIZACIÓN DEL RENDIMIENTO--------------------------------------103

5.9.3. SEGURIDAD --109

5.9.4. PRUEBAS Y ANÁLISIS --109

5.9.5. RESPALDO DE DATOS---109

5.9.6. ACTUALIZACIÓN DE SOFTWARE---------------------------------------110

CAPÍTULO VI: FORMATEO Y PARTICIÓN DE DISCOS DUROS ----------------111

6.1. PORQUÉ DEBO FORMATEAR UNA COMPUTADORA------------------------------111

6.2. VENTAJAS DE FORMATEAR UNA COMPUTADORA-------------------------------111

6.3. CÓMO PREPARAR LA COMPUTADORA PARA UN FORMATEO ---------------------------112

6.4. PASOS PARA HACER UN RESPALDO EN WINDOWS 10 ----------------------------112

6.5. FORMAS DE FORMATEAR UNA COMPUTADORA CON WINDOWS 10-------------------117

CAPÍTULO VII INSTALACIÓN, CONFIGURACIÓN Y USO DE MÁQUINAS VIRTUALES EMPLEANDO EL PROGRAMA VIRTUALVOX. ---------------------137

7.1. ¿QUÉ ES UNA MÁQUINA VIRTUAL? --137

7.2. VENTAJAS Y DESVENTAJAS --137

7.3. TIPOS DE MÁQUINAS VIRTUALES ---138

7.4. TÉCNICAS--139

7.5. INSTALACIÓN DEL PROGRAMA VIRTUALVOX.--------------------------------140

1. CREACIÓN DE LA MÁQUINA VIRTUAL--------------------------------------147

2. CREAR UN DISCO DURO VIRTUAL: --------------------------------------148

CAPÍTULO VIII REDES DE COMPUTADORAS CABLEADO ESTRUCTURADO ---153

8.1. ¿QUÉ ES UNA RED DE COMPUTADORAS?----------------------------------153

8.2. TIPOS DE REDES DE COMPUTADORAS -----------------------------------153

▪ ELEMENTOS BÁSICOS DE UNA RED DE COMPUTADORAS---------------157

8.3. TOPOLOGÍA DE RED---158

8.4. ¿QUÉ SE NECESITA PARA MONTAR UNA RED DE COMPUTADORAS? 163

8.5. ESTÁNDARES DE TELECOMUNICACIONES -------------------------------174

8.6. NORMAS PARA EL CABLEADO PAR TRENZADO (UTP)-----------------176

8.7.   CONFIGURACIÓN DE UNA RED PUNTO A PUNTO EN WINDOWS7 -178

ANEXOS---185

ANEXO 3: PUERTOS Y DISPOSITIVOS QUE SE CONECTAN--------------------185

GLOSARIO DE TÉRMINOS--187

REFERENCIAS DE INTERNET ---207

LABORATORIO 2--209

LABORATORIO 3--213

LABORATORIO 4--215

COMPETENCIAS

- Entendimiento del funcionamiento lógico dentro de un computador. 2hr.

- Reconocimiento de las partes de una computadora personal. 6hr.

- Reconocimiento de los puertos existentes en un computador 2hr.

- Realizar el montaje, desmontaje e instalación de los componentes de una computadora personal. 4hs.

- Realizar el formateo, Instalación y configuración del sistema operativo: Windows 7, Windows 8, Windows 10, además de algunos utilitarios. 4hs.

- Realizar el correcto mantenimiento preventivo de hardware y software. De una computadora personal. 4hr.

- Conocimiento de técnicas básicas para detección y/o corrección de las principales fallas a nivel de hardware y software. 2hr.

- Reconocimiento de los componentes de una red LAN, WAN y cableado estructurado. 2hr.

- Realizar la configuración física y lógica de una red de equipos de cómputo. 2hs.

CAPACIDADES

7. CAPACIDAD N°7: MONTAJE DE UNA COMPUTADORA

- Conocer los consejos a tener en cuenta en el montaje de una computadora.
- Identifique y seleccione los elementos y partes del computador a instalar.
- Abra la tapa delantera del case.
- Instale una fuente de energía.
- Instale la placa madre y coloque sus componentes.
- Instale las unidades internas.
- Instale tarjetas de expansión.
- Conecte todos los cables internos.
- Coloque la tapa delantera del case y conecte los cables externos a la computadora.
- Inicie la computadora.
- Conocer los consejos a tener en cuenta en la compra de una computadora.

7.1. DURACIÓN:

- 4 hs.

7.2. CRITERIOS DE EVALUACIÓN:

- Los consejos para montar una PC fueron asimilados.
- Los elementos y partes del computador han sido reconocidos.
- Las partes de la computadora personal han sido colocados correctamente.
- Equipo funcionando.
- Los consejos a tener en cuenta para comprar una computadora fueron asimilados.

7.3. EVALUACIÓN

- Asistencia (10%)
- Teórica (40%)
- Práctica (50%)

8. CAPACIDAD N°8: MANTENIMIENTO DE UNA PC

- Tener a la mano el kit básico para realizar el mantenimiento respectivo del computador.

- Identifique las partes del computador, además del tipo de mantenimiento a realizar.

- Entender cuando dar el respectivo mantenimiento según sea el caso, haciendo uso del kit de mantenimiento.

8.1. DURACIÓN

- 3 hs.

8.2. CRITERIO DE EVALUACIÓN

- Los materiales empleados para el mantenimiento del computador fueron los adecuados.

- El mantenimiento del computador se realizó de la manera correcta.

- El computador quedó operativo luego de la reparación del mismo.

8.3. EVALUACIÓN

- Asistencia (10%)

- Teórica (40%)

- Práctica (50%)

9. CAPACIDAD Nº 9 CONFIGURACIÓN Y USO DE MÁQUINAS VIRTUALES

- Conocimiento de la virtualización
- Instalación de un programa para uso de máquinas virtuales (VIRTUALVOX).
- Configuración del programa VIRTUALVOX.
- Creación de una máquina virtual valiéndose del VIRTUALVOX

9.1. DURACIÓN

- 3 hs.

9.2. CRITERIO DE EVALUACIÓN

- El tema de la virtualización fue comprendido.
- Se instaló el programa VIRTUALVOX de manera correcta.
- Se configuró el programa VIRTUALBOX correctamente.
- Se creó de manera correcta la máquina virtual.

9.3. EVALUACIÓN

- Asistencia (10%)
- Teórica (40%)
- Práctica (50%)

10. CAPACIDAD Nº 10 CONFIGURACIÓN Y USO DE MÁQUINAS VIRTUALES

- Comprender el funcionamiento de una red de computadoras.
- Conocer los tipos de redes de computadoras.
- Conocer los elementos básicos de una red de computadoras.
- Conocer las topologías de una red.
- Montar una red de computadoras punto a punto.
- Configurar la red de computadoras montada.

10.1. DURACIÓN

- 3 hs.

10.2. CRITERIO DE EVALUACIÓN

- El funcionamiento de una red de computadoras fue comprendido.
- Los tipos de redes fueron reconocidos.
- Los elementos de una red de computadoras fueron distinguidos.
- Las topologías de red fueron identificadas.
- Fue montada una red de computadoras punto a punto correctamente.
- Fue configurada la red de computadoras montada correctamente.

10.3. EVALUACIÓN

- Asistencia (10%)
- Teórica (40%)
- Práctica (50%)

CAPÍTULO IV: TÉCNICAS DE ENSAMBLAJE PARA UNA COMPUTADORA.

4. TÉCNICAS DE ENSAMBLAJE

4.1. ENSAMBLADO DE UNA MICROCOMPUTADORA

Cuando vamos a armar una microcomputadora, por lo general, lo primero que se ensambla es la CPU, puesto que es la parte más delicada y más importante. Armar una microcomputadora es un proceso que involucra varios pasos, pero con un poco de paciencia y atención a los detalles, puedes hacerlo tú mismo. Aquí te presentamos una guía paso a paso.

Existen varias técnicas y enfoques para ensamblar una computadora, aunque el proceso general suele seguir pasos similares. Las diferencias en las técnicas pueden depender de factores como el tipo de componentes, el diseño del gabinete, y las preferencias personales del ensamblador. Aquí te presento algunas variaciones en las técnicas de ensamblaje:

- **ENSAMBLAJE FUERA DEL GABINETE:**

  Algunos prefieren montar la placa base, CPU, disipador, y RAM fuera del gabinete primero.

  Esto permite probar los componentes básicos antes de instalarlos en el gabinete.

- **ENSAMBLAJE DENTRO DEL GABINETE:**

  Otros optan por instalar la placa base directamente en el gabinete desde el principio.

Este método puede ser más directo, pero puede dificultar el acceso a ciertos componentes.

- **ORDEN DE INSTALACIÓN DE COMPONENTES:**

La secuencia puede variar. Algunos instalan la fuente de poder primero, otros lo dejan para el final.

El orden de instalación de discos duros, tarjetas gráficas, y otros periféricos puede cambiar según el diseño del gabinete.

- **GESTIÓN DE CABLES:**

Algunos prefieren hacer la gestión de cables a medida que instalan cada componente.

Otros instalan todos los componentes primero y luego organizan todos los cables al final.

- **APLICACIÓN DE PASTA TÉRMICA:**

Existen diferentes métodos para aplicar pasta térmica en el CPU (gota central, línea, cruz, etc.).

- **INSTALACIÓN DEL SISTEMA OPERATIVO:**

Algunos prefieren instalar el sistema operativo como parte del proceso de ensamblaje.

Otros consideran que la instalación del SO es un paso separado post-ensamblaje.

- **PRUEBAS DURANTE EL ENSAMBLAJE:**

Algunos realizan pruebas parciales en diferentes etapas del ensamblaje.

Otros prefieren completar todo el ensamblaje antes de realizar la primera prueba de encendido.

- **USO DE HERRAMIENTAS ESPECIALIZADAS:**
  Mientras que algunos usan herramientas básicas, otros utilizan kits especializados para PC.

- **PREPARACIÓN DEL ESPACIO DE TRABAJO:**
  Las técnicas varían desde usar una simple mesa hasta preparar un área antiestática completa.

- **DOCUMENTACIÓN DEL PROCESO:**
  Algunos documentan cada paso con fotos o videos, útil para referencia futura o resolución de problemas.

Cada técnica tiene sus ventajas y desventajas, y la elección a menudo depende de la experiencia del ensamblador, el tipo de componentes, y las preferencias personales. Lo importante es asegurarse de que todos los componentes estén correctamente instalados y funcionando al final del proceso.

4.2. KIT DE HERRAMIENTAS BÁSICAS DEL ENSAMBLADOR

- **DESTORNILLADOR (ESTRELLA/PLANO/PHILLIPS)**

Un destornillador es una herramienta que se utiliza para apretar y aflojar tornillos y otros elementos de máquinas que requieren poca fuerza de apriete y que generalmente son de diámetro pequeño.

Plano; muy común pero poco usado en el montaje de equipos informáticos.

Estrella; se utiliza en el montaje de equipos informáticos, generalmente en la unión de piezas plásticas.

Phillips; muy utilizado, es el más común, en el montaje de equipos informáticos, generalmente en la unión de piezas. Se suele confundir con el estrella.

- PASTA TÉRMICA

La **pasta térmica**, también llamada **silicona térmica**, **masilla térmica** o **grasa térmica** (o también "Pasta, silicona, masilla o grasa para semiconductores"), es una sustancia que incrementa la conducción de calor entre las superficies de dos o más objetos que pueden ser irregulares y no hacen contacto directo. En informática es frecuentemente usada para ayudar a la disipación del calor de componentes mediante un disipador.

➢ **Propiedades:**

La propiedad más importante de la pasta térmica es su conductividad térmica medida en vatios por metro-kelvin (W/(m·K)) o en vatios por metro Celsius (W/(m·C)). Estas dos medidas son equivalentes (W/(m·K))=(W/(m·C)).

➢ **Tipos:**

Existen tres tipos de pasta térmica:

+ silicona con **silicio**, de color blanco generalmente.
+ silicona con **plata**, de color plateado generalmente.
+ silicona con **cerámica**, de color blanco generalmente.

La silicona es un aislante de calor (no conductor de calor) y la plata es uno de los mejores conductores de calor. En principio, podría decirse que la pasta con alto contenido de plata y bajo contenido de silicona sería la mejor pasta pero no es cierto. Porque se necesita cierta viscosidad para que llegue a los pequeñísimos rincones y pueda recoger el calor. La solución como siempre es la **ficha técnica** del producto en la que nos indica la conductividad térmica. Por ejemplo podemos encontrar pasta térmica 11,2 W/mC de Prolimatech, 8,3 W/mk de Antec.

> Ubicación:

Se han hecho varias comparativas entre diferentes ubicaciones y han concluido que la mejor forma es colocar un poco de pasta **en el centro** de la superficie del procesador que estará en contacto con el disipador. El tamaño será como un **grano de arroz** o un poco mayor.

- PINZA PUNTA LARGA

Una funciona como unas pinzas normales, pero por su diseño hecho con precisión, permite el fácil manejo de pequeñas partes que con unas pinzas normales no lograríamos manejar, además de ser resistentes y antimagnéticas.

- **PULSERA ANTIESTÁTICA.**

Un brazalete antiestático o pulsera antiestática consiste en una cinta con un velcro para fijarla en la muñeca conectada a un cable de toma de tierra que permite descargar cualquier acumulación de electricidad estática en el cuerpo de un operario.

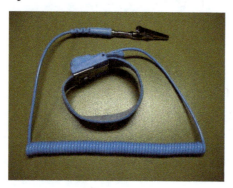

- **GUANTES DE NITRILO**

Estos guantes están fabricados en nitrilo, un caucho sintético, los cuales son ideales para uso en aceites, grasas e hidrocarburos.

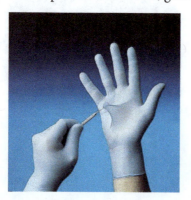

- **MANTEL ANTIESTÁTICO**

  Consiste en un mantel que se sitúa sobre la mesa de trabajo conectado a un cable de toma de tierra que permite descargar cualquier acumulación de electricidad estática en el cuerpo de un operario.

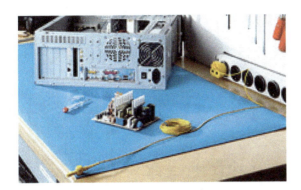

- **CINCHOS DE PLÁSTICO**

  Los cinchos son de varios colores y de plástico, cuando se abre una computadora, se encuentra dentro muchos cables, los cinchos son para:

  - Ordenarlos y sujetarlos, que no se enreden entre ellos.

  - Sea más fácil la localización de cada una de cada uno de ellos.

  - Algunos cables no se pueden amarrar, porque están muy cortos.

  - Esto permite mayor circulación de aire en el case y evita que se caliente.

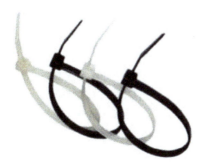

- **TORNILLOS:**

Apropiados para fijar las tarjetas de expansión y en muchos casos también las tapas del case.

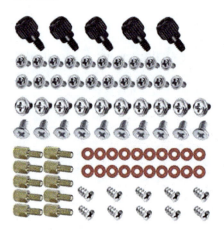

- **BOLSAS DE PLÁSTICO O UN RECIPIENTE.**

Para poder almacenar los tornillos y así evitar que se extrabien.

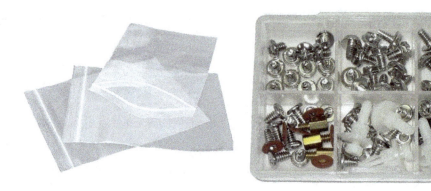

4.3. RECOMENDACIONES GENERALES A TENER EN CUENTA EN EL ENSAMBLAJE DE UNA COMPUTADORA

Tome en cuenta las siguientes precauciones y recomendaciones generales, que deberá seguir, para la minimización de riesgos, evitando que algo salga mal.

- **BUENAS PRÁCTICAS PARA MONTAR UNA PC**
  - Prepara tu espacio de trabajo:
    - Una superficie plana y amplia.

- Asegúrate de tener buena iluminación.

- Ten a la mano todas las herramientas necesarias.

- Procure no estar en lugares muy húmedos, esto lo podría conducir a una descarga eléctrica fuerte por su sudor.

- No coma ni ingiera ninguna clase de bebida al momento de ensamblar la CPU y el PC en general.

> **Descárguese regularmente (de energía estática):**

- Usar si fuese posible una pulsera antiestática para tal fin.

- Hacer tierra durante el proceso de ensamblaje. Tocar una parte metálica que esté conectada a tierra, esto es necesario para que la energía estática en su cuerpo no queme algún componente.

- No utilice destornilladores ni ninguna herramienta magnética, dicha energía también puede dañar algunos componentes, para ello es mejor el uso de destornilladores anti estáticos.

> **Lo ideal es instalar la cpu, disipador fuera de la caja:**

- El motivo de ello es que muchos disipadores requieren una instalación por la parte inferior de la placa base, lo que nos obligaría a sacar la placa base instalada en el case.

- Aliniar bien los piner de la CPU adecuadamente.

- Aplicar pasta términa adecuadamanete.

> **Placa base:**

- Colocar los separadores dentro del case antes de atornillar la placa base en el mismo.

- Muchas placas diferencian las ranuras RAM por colores, así que se debe colocar las memorias en el slot con el mismo color.

- Todas las pequeñas piezas que se le escondan. Nada más un tornillo caído sobre la placa madre pudiera ocasionar un cortocircuito.

> **Tarjetas:**

- No saque las tarjetas de su empaque hasta el momento de la instalación.

- Agarre las tarjetas por sus bordes. nunca las toque directamente porque las podrían quedar inutilizables.

- Guarde las tarjetas que no usará en sus empaques originales.

> **Asesoramiento:**

- No tenga miedo para armar el equipo, si no sabe algo consulte con un técnico especializado.

- No fuerce nada, no haga nada de lo que no esté seguro. Hoy en día la mayoría de los componentes de hardware están diseñados de manera que no pueda cometer errores.

- Si desconoce algo "no intente instalarlo", busque asesoría técnica. Existen hardwares incompatibles que pueden dañar otras piezas del equipo.

> **Parte eléctrica:**

- Utilice calzado de goma.

- Antes de poner en funcionamiento al equipo ensamblado, revise el voltaje con el que funciona, en ciertas ocasiones el equipo está diseñado para funcionar con una variación en el voltaje (110 V y 220 V); si el voltaje es menor al estándar (220 V), dicho equipo se puede quemar al entrar en contacto con la energía eléctrica.

> **Manuales:**

- Revise las instrucciones de cada componente.

- Guiarse del plano para ensamblar el equipo, el cual viene junto con la motherboard específico para cada modelo de PC.
- Veriique la compatibilidad de las piezas.
- No bote las cajas, manuales y empaques, porque le servirán para reclamar la garantía de los equipos si viene con defectos de fábrica.

> **Organiza los cables:**

- Usa bridas para mantener el orden.
- Facilita el flujo de aire dentro del case.
- No dejes cables sueltos cerca de ventiladores.

- **BUENAS PRÁCTICAS PARA EL DESMONTAJE DE UNA PC**

> Asegúrese de tener el suficiente espacio de trabajo.

> Nunca toque un circuito ni inserte o remueva un componente de hardware mientras la PC esté encendida e incluso enchufada.

> Apague la PC y desconecte periféricos asociados.

> Retire la cubierta del case con cuidado.

> Descargue su energía estática con cuidado (toque el chasís).

> Guarde los componentes pequeños en orden.

> Haga diagramas o tome fotos ¿En qué orden estaban las tarjetas?

> Si no sabe que está haciendo, no lo haga.

> No fuerce las cosas, deténgase y vea.

> No olvide los cables.

> Desconecte los cables y conectores antes de retirar los dispositivos o tarjetas.

> No se apresure, ni se asuste.

- **ERRORES FRECUENTES DE ENSAMBLE DE UNA PC**

➢ Olvidarse de conectar los cables P8 y P9 de la fuente (es el caso de las fuentes AT en el que los cables de color negro van juntos, no se olvide).

➢ Olvidarse de los separadores entre el case y la placa madre, esto puede llevar a un cortocircuito y dañar los componentes.

➢ Placa madre mal asentada.

➢ Inversión de los cables de datos (regularmente en los cables tipo IDE).

➢ Instalar incorrectamente la memoria RAM, al no insertar los módulos completamente o en los slots incorrectos.

➢ Mala conexión de energía del disco duro.

➢ Aplicar mal la pasta térmica, si es muy poca puede llevar a problemas de sobrecalentamiento.

➢ La placa madre se energiza (fuga de voltaje en el case), al no tener la precaución de utilizar una pulsera antiestática, puede dañar los componentes sin que te des cuenta.

➢ Mala conexión de los cables USB, pueden causar que las memorias USB se quemen.

➢ No reconocimiento de los dispositivos (HDD, lector CD/DVD), cuando los dispositivos están mal asegurados.

➢ Cables mal organizados que obstruyen el flujo de aire, esto puede llevar problemas de temperatura y rendimiento.

➢ No conectar los cables del panel frontal correctamente, pudiendo ocacionar que la computadora no prenda.

➢ Forzar componentes al intentar insertarlo en la orientación incorrecta, esto puede dañar a los pines o los conectores.

4.4. SECUENCIADO DEL MONTAJE

A continuación se procederá a explicar los pasos necesarios para el montaje de un equipo informático. Se ha elegido una configuración que tiene como procesador un

Intel Core2 Quad a 2.4Ghz, con una placa base con factor de forma ATX marca ASUS, que dispone del zócalo correspondiente a este tipo de procesadores (socket 775). Los procesos de montaje en el resto de computadores suelen ser muy similares.

- **PASO1: REUNIMOS TODAS LAS PIEZAS**

  - **Placa base (Motherboard):** Elige una placa base compatible con el procesador, la memoria RAM y las tarjetas de expansión que deseas usar.

  - **Procesador (CPU):** El corazón de tu computadora. Elige un procesador compatible con tu placa base y con el rendimiento que necesitas.

  - **Memoria RAM:** Determina la cantidad de RAM que necesitas (8GB o más para uso general). Asegúrate de que sea compatible con la placa base.

  - **Unidad de almacenamiento:** Puedes optar por un disco duro (HDD) o una unidad de estado sólido (SSD). Un SSD ofrece un mejor rendimiento, mientras que un HDD es más económico.

  - **Tarjeta gráfica (GPU):** Si planeas jugar o realizar tareas gráficas intensivas, necesitarás una tarjeta gráfica dedicada. Para uso general, la integrada en la placa base puede ser suficiente.

  - **Fuente de alimentación:** Elige una fuente de alimentación con suficiente potencia para alimentar todos los componentes de tu microcomputadora.

  - **Chasis:** Protege y organiza los componentes. Elige un chasis que tenga espacio suficiente para todos tus componentes y que se ajuste a tu estilo.

  - **Unidad óptica (opcional):** Si necesitas leer o escribir CD o DVD, necesitarás una unidad óptica.

  - **Sistema operativo:** Necesitas un sistema operativo como Windows, Linux o macOS para que tu computadora funcione.

- **PASO2: MONTAJE DE LA PLACA BASE EN LA CAJA O CASE**

Disponemos de una caja ATX con su juego de tornillos y de una placa base ATX con su manual.

Antes de proceder al montaje, tomaremos las precauciones y las medidas de seguridad que acabamos de estudiar, en especial la prevención de riesgos en cargas electrostáticas, eléctricas y, en particular, para componentes electrónicos hay tener cuidado con: las patillas afiladas de los conectores, las patillas afiladas de las tarjetas de circuitos impresos, los bordes y esquinas cortantes de la carcasa, los componentes calientes (como procesadores, reguladores de voltaje y disipadores de calor) y los desperfectos en los cables que podrían causar un cortocircuito.

Sigue estos pasos:

1. Leer los libros de instrucciones de cada dispositivo a conectar y de la caja o gabinete y localizar, en el manual, los emplazamientos de los conectores a instalar en la placa base.

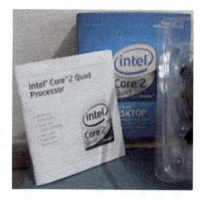

2. Quitamos los tornillos de la tapa lateral derecha de la parte trasera de la carcasa y los guardamos en lugar seguro. Generalmente, se desliza la tapa hacia atrás; en el manual de la caja debe mostrar el procedimiento de apertura específico. Si se intenta realizar por intuición, se puede dañar o rayar la caja y luego, el cliente no la hará cambiar por otra.

3. Comprobamos si los conectores del teclado, ratón, puertos USB, audio, etc., de la placa base coinciden con el dibujo del protector metálico de la parte trasera de la caja (Soporte de chasis de placa trasera de escudo I/O de placa base). Si no es así, cambiamos de protector.

4. Recuerda: no toques la placa base con los dedos, sujétala por los bordes. Colocamos la caja horizontalmente sobre el mantel magnético que está sobre la mesa, introducimos la placa base en ella y localizamos los puntos de atornillado; con un rotulador permanente o similar, podemos marcar en la caja su ubicación sin quitar la placa base de su emplazamiento. Son unos agujeros redondos rodeados de una corona plateada. Estos puntos de atornillado deben coincidir con los agujeros del chasis (normalmente, tienen un circulo en bajorrelieve alrededor).

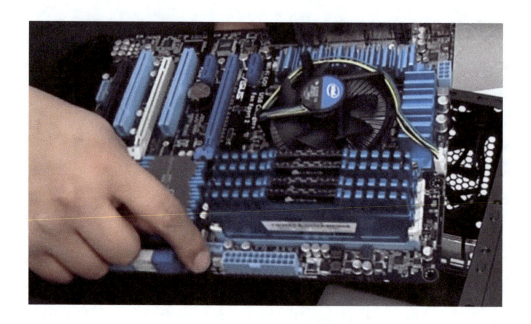

5. Extraemos la placa base de la caja para poder atornillar en la caja los separadores, que suelen ser unos tornillos dorados o unos blancos, como también de plástico que ingresan a presión. Se colocarán en los puntos de atornillado localizados anteriormente. Para ajustarlos mejor, podemos usar los pequeños alicates. Recuerda: si se aprieta demasiado se suelen pasar de rosca.

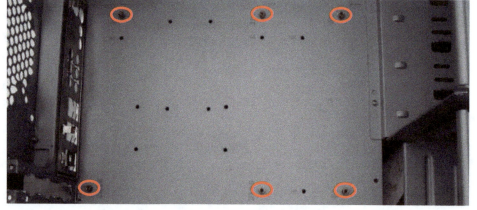

6. Según Intel, en sus manuales de instalación de las placas base, instalamos la placa base de manera definitiva en el chasis: volvemos a introducir la placa base

en la caja, y con cuidado, colocamos suavemente la placa en su posición sobre los tornillos separadores dorados y la encajamos correctamente en la plantilla de conectores traseros.

7. Una vez que todo está correctamente colocado, atornillaremos la placa al chasis mediante los puntos de atornillado descritos anteriormente. Es recomendable emplear unas arandelas o almohadillas entre el tornillo y la corona del agujero.

8. Comprobamos que todos agujeros de fijación de la placa base tienen un tornillo y está atornillado perfectamente.

Hay diversos autores que recomiendan, por comodidad y facilidad en el trabajo, instalar previamente el procesador, el ventilador/disipador y la memoria RAM en sus zócalos correspondientes; pero podemos romper alguna soldadura de la parte trasera de la placa base en las anteriores (CPU, RAM, FAN) manipulaciones. Pero Intel, que es fabricante de placas base y procesadores tiene más crédito.

• PASO 3. MONTAJE DEL PROCESADOR EN LA PLACA BASE

Recuerda: no tocar con los dedos los conectores pues los dedos, aún limpios, tienen la grasa natural que ocasiona más resistencia al paso de corrientes y, algún tipo de grasa corporal puede llegar a oxidar los contactos.

Para colocar el procesador en su socket de la placa base, deberemos tener en cuenta los siguientes pasos:

1. Leer los libros de instrucciones del procesador y repasar el libro de instrucciones de la placa base. Tener claro cómo se emplaza y se fija el procesador en las muescas o marcas para instalarlo en la placa base.

2. Localizamos el socket y su palanca lateral. Quitamos el protector de plástico y procedemos a su desbloqueo, efectuando para ello un breve desplazamiento de la palanca hacia fuera, y después lo elevamos hasta que quede en posición vertical, formando un ángulo de 90º o de 120º. Posteriormente, levantamos la tapa metálica superior.

3. Cogemos el microprocesador -siempre por los bordes-, observando todas las medidas de precaución descritas y le retiramos su protector. Trataremos de evitar tocar los conectores de la parte inferior. Si tuviera alguna pegatina en la parte superior, habría que quitarla.

4. El procesador admite una única posición dentro del socket. Así pues, observaremos los detalles que nos orientan en la colocación correcta. En el caso de este microprocesador, se pueden observar dos muescas y una pequeña flecha triangular en la parte inferior que deben encajar en las mismas muescas que tiene el socket.

5. Encontrada la posición, colocamos la parte inferior del microprocesador en contacto con el socket, sin forzar ni presionar, hasta que encaje correctamente Posteriormente, bajaremos la tapa metálica y colocaremos la palanca de sujeción en su posición horizontal.

- PASO 4. MONTAJE DEL DISIPADOR/VENTILADOR DEL PROCESADOR

A la hora de instalar un disipador/ventilador para el microprocesador, debemos comprobar, en primer lugar, su compatibilidad y cuál es el tipo de anclaje que necesita (por presión mediante patillas o atornillado). Existen en el mercado disipadores/ventiladores que son compatibles con AMD y con Intel. Será necesario instalar previamente el armazón correspondiente a la marca que tenemos y desechar el otro tipo.

Para colocar el disipador sobre el procesador, deberemos tener en cuenta los siguientes pasos:

1. Leer con detenimiento el manual de instrucciones para seguir correctamente todos los pasos de montaje.

2. En la siguiente figura se muestra un sistema de refrigeración ASUS con diferentes armazones, tanto para AMD como para Intel. En el montaje de nuestro equipo emplearemos los dos centrales. El de armazones se puede guardar en un sitio seguro, ya no se emplearán.

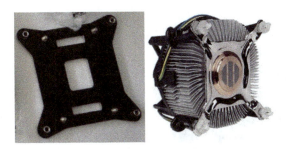

3. Para que haya una correcta transmisión del calor entre el procesador y el disipador es necesario que utilicemos entre ambos una pasta térmica conductora. Es posible que el disipador que vamos a montar disponga ya de fábrica de una fina película de esta pasta; en caso contrario, debemos utilizar un pequeño dispensador de pasta térmica en forma de tubo.

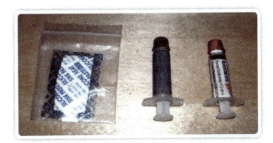

Si utilizamos el dispensador, solamente es necesaria una pequeña gota en el centro del procesador o del disipador. Así evitaremos que rebose y pueda manchar el resto de componentes.

4. A continuación, procedemos a atornillar o a fijar los armazones del disipador a la placa base, tanto por lo parte superior como por la inferior si fuera necesario, para ello seguiremos las instrucciones del manual del disipador.

5. Para finalizar, colocamos el disipador con cuidado sobre el procesador, encajamos la última pieza de anclaje y conectamos el conector de corriente del ventilador a la placa base que se denominará CPU_FAN. Suele estar junto al socket de la placa base. Si lo conectamos a otro conector diferente, este dejará de funcionar el disipador, la placa base no sería informada y se podría quemar el procesador.

- ## PASO 5. INSTALACIÓN DE LA MEMORIA RAM

  Para la instalación de la memoria en la placa base, localizaremos en el manual de la placa las posibles configuraciones de módulos de memoria que admite, especificaciones, velocidades soportadas, tamaños máximos y si dispone de la tecnología Dual Channel.

  Asimismo, localizaremos la muesca en la parte de los conectores de las memorias para orientarlas correctamente a la hora de su instalación. Siempre seguiremos las medidas de protección y manipularemos los módulos por sus extremos.

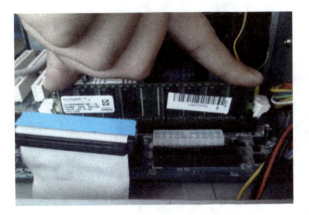

  Para colocar las memorias, procederemos de acuerdo a los pasos siguientes:

1. Leer con detenimiento el manual de instrucciones: tamaños, velocidades soportadas de módulos RAM y ubicación de los módulos para aprovechar los dos o más canales del Dual Channel.

2. A- Bajaremos las pestañas de seguridad laterales (presillas blancas de plástico).

3. B- Colocaremos las memorias en sus ranuras, fijándonos que la muesca de la parte inferior está alineada correctamente con la de la placa base.

4. C- Posteriormente, presionaremos hacia abajo hasta que haga tope y los conectores de las memorias estén encajados correctamente. La presión debe efectuarse por los dos lados al mismo tiempo y sin forzar hasta que las presillas blancas se pongan en posición vertical y se oiga un clic.

5. Comprobaremos que las pestañas laterales están en su posición inicial, fijando la memoria definitivamente.

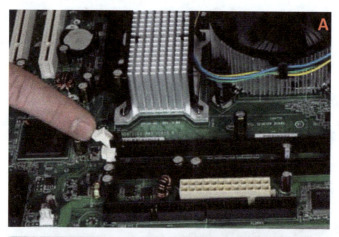

6. Seguiremos estos pasos con cada una de las memorias que queramos instalar, utilizando la configuración deseada y/o la tecnología Dual Channel.

Recuerda, el sistema de colores no es estándar y puede confundir: hay fabricantes que etiquetan con un color cada canal (habría que instalar los módulos en colores diferentes) y otros que etiquetan con un color las ubicaciones donde insertar los módulos (habría que instalar los módulos en colores iguales). Una mala combinación conlleva una pérdida de rendimiento superior al 10%

Actualmente, todos los computadores personales reconocen automáticamente la memoria insertada en la placa base, por lo que en principio no será necesario realizar ajustes de configuración en la BIOS para el tamaño, la cantidad y la velocidad.

Si en algún momento queremos retirar algún módulo de memoria, liberamos las pestaña de seguridad laterales de cada extremo del zócalo simultáneamente, extraemos el módulo hacia arriba y la colocamos en su bolsa/caja antiestática.

- ## PASO 6. MONTAJE E INSTALACIÓN DE LA FUENTE DE ALIMENTACIÓN

Si nuestra caja no dispone de fuente de alimentación ya instalada de fábrica, lo primero que haremos será colocar correctamente nuestra fuente de alimentación en la caja o gabinete, fijando su posición y atornillándola, como se aprecia.

Según el manual de Intel, ahora NO se debe conectar el conector ATX a la placa base. Será el paso final.

- ## PASO 7. CONEXIÓN DE LOS SISTEMAS DE REFRIGERACIÓN DE LA CAJA

Las cajas actuales suelen venir con un sistema de refrigeración-disipación del calor, compuesto normalmente por un ventilador en uno de sus laterales, que mueve el aire caliente del interior y lo expulsa al exterior.

Cuando se instale un **ventilador extra** en la caja hay que colocarlo de tal forma que el aire recircule dentro de la caja. Es recomendable elegir ventiladores **cuanto más grandes mejor** porque serán menos ruidosos.

Otras formas de atenuar el calor y el consumo eléctrico que actualmente se están aplicando:

➤ **A más velocidad, más calor.**

Solución: aumentar el número de núcleos. Se reduce la velocidad pero se aumenta el rendimiento.

➤ **A más consumo de energía (más voltaje), más calor.**

Solución: reducir la tecnología de fabricación para así poder reducir el voltaje.

La disipación del calor es la solución más barata contra el calor a base de disipadores y ventiladores. Se puede encontrar en la fuente de alimentación, el microprocesador, la tarjeta gráfica también, el chipset y los discos duros.

El ventilador extra se conecta a la corriente eléctrica mediante las posibles vías:

➤ Una conexión directa a la placa base, a través de algún conector llamado CHA_FAN (puede tener varios), que localizaremos en el manual de placa.

➤ Una conexión directa a la fuente de alimentación.

Existe cierta polémica sobre la ubicación y sentido de los ventiladores del chasis. Básicamente, el aire caliente asciende y el aire frío estará en la parte alta. Por tanto, los ventiladores de la parte superior son extractores de aire caliente y los inferiores justo lo contrario.

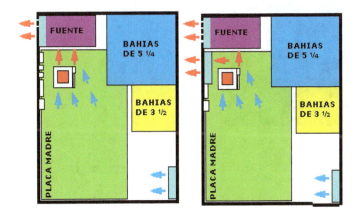

Existen en el mercado numerosos sistemas para la disipación del calor del chasis, incluidas sistemas de refrigeración líquida, ya que normalmente con la potencia de los componentes actuales (procesadores, tarjetas gráficas, memorias, etc.) viene aparejado un aumento considerable del calor que se genera. Si disponemos de sistemas de refrigeración especiales, seguiremos sus instrucciones de montaje a la hora de la conexión con la placa base o fuente de alimentación.

- **PASO 8. INSTALACIÓN Y CONEXIÓN DE LAS UNIDADES DE DISCO DURO Y DVD/CD-ROM**

  Actualmente, podemos encontrar en el mercado dos sistemas de conexión de discos duros y unidades de lectura y grabación DVD. La primera, y ya casi en desuso, es través de interfaces IDE/PATA mediante el modelo esclavo-maestro. La segunda es a través de conectores SATA. En ambos casos necesitaremos dos conectores: uno para datos y otro para alimentación eléctrica.

1. Para el sistema de conexión de datos SATA, localizaremos en el manual de la placa base los puntos de conexión de que disponemos, y si nuestra placa tiene conectores SATA especiales para RAID, Backup, etcétera.

2. Colocaremos el disco duro en su posición correcta (hay veces que se nivela) dentro de las bahías internas, y lo atornillaremos al chasis.

3. De la fuente de alimentación, seleccionaremos los cables de conexión eléctrica para SATA y los conectaremos al disco duro.

4. Finalmente, conectaremos el cable de datos SATA en el disco duro y el otro extremo en la placa base.

Para todas las unidades SATA que tengamos que instalar realizamos los mismos pasos, también en otros discos duros, DVD, CD-ROM, etcétera.

En el caso de utilizar alguna unidad con la interfaz IDE/PATA, emplearemos el conector de corriente de la fuente de alimentación para este tipo te dispositivos, buscaremos en la placa base el conector o conectores IDE de datos, y utilizando el sistema de maestro/esclavo, configuraremos los jumper de los dispositivos. Después instalaremos y conectaremos todo a la placa base.

- ## PASO 9. CONEXIÓN DE LA TARJETA GRÁFICA Y TARJETAS DE EXPANSIÓN

Si nuestra placa base no dispone de una tarjeta gráfica o queremos mejorar la que tenemos, es necesario la instalación de una tarjeta a través de los diferentes tipos de bus de nuestra placa base.

Como se comentó en la unidad correspondiente de las tarjetas de expansión, en el apartado de las tarjetas gráficas.

1. Localizaremos en el manual de la placa base la conexión oportuna, generalmente la más cercana al procesador.

2. Localizaremos en la placa base la ranura PCI Express x16. Si existe más de una, revisaremos en el manual de la placa cuál es la idónea para la conexión de la tarjeta gráfica principal.

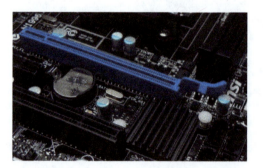

3. Hallaremos en el chasis la pestaña correspondiente a la salida de la tarjeta gráfica, y ayudándonos con unos pequeños alicates, desprenderemos con cuidado la chapa metálica de protección.

4. Sujetamos la tarjeta gráfica por las bordes superiores laterales y la colocamos suavemente alineándola sobre la ranura PCI Express; después hacemos presión hacia abajo hasta encajarla sin forzar. Una vez instalada, la atornillamos al chasis para que quede bien fijada.

5. Finalmente, inserción de la tarjeta y atornillado al chasis. Si no se realiza este atornillado, al conectar el dispositivo se puede cortocircuitar cualquier pestaña y estropear la tarjeta gráfica o la placa base.

Si tenemos que instalar más tarjetas de expansión, como pueden ser tarjetas de captura de video, sintonizadoras de televisión, de ampliación de puertos, etc., seguiremos los mismos pasos: localización del tipo de bus, eliminación de la pestaña metálica correspondiente. Hay que tener en cuenta, las IRQ compatibles con la placa base.

- PASO 10. CONEXIÓN DEL CABLEADO DEL FRONTAL DE LA CAJA, LED/SW, USB, AUDIO Y SPEAKER

Para finalizar y, como siempre, siguiendo las instrucciones del manual de la placa base, conectaremos el cableado que parte del frontal de la caja en la placa base. Tenemos varios cables diferenciados: USB, FireWire, speaker-audio, mic-audio, line-audio y cableado LED/SW.

➢ Conector speaker-audio

Es el del altavoz de la caja, para los pitidos de conexión y/o errores. Suele estar marcado con las siglas SPK. En las placas actuales puede estar unido al de los conectores de audio y micrófono frontales. Nos fijaremos en su ubicación y posicionamiento correcto en el manual y simplemente lo conectaremos.

➢ Conectores USB frontales

Si el frontal de la caja dispone de conectores USB, deberemos conectarlos a la placa base a través de sus cables específicos.

Según el modelo de placa, es posible que tengamos una ficha de apoyo para facilitar la conexión. Es importante la colocación correcta de todos los pines, ya que si fallamos en la posición (sobre todo en el pin de alimentación de 5 V), la placa base no permitirá el arranque del computador.

Una vez localizados tanto el punto de conexión USB de la placa como los cables que parten del frontal en su correcta posición (con o sin apoyo de ficha), solamente debemos conectarlos sin forzar.

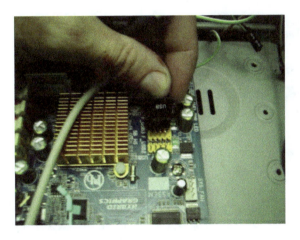

> **Conexión del cableado del frontal de la caja, LED/SW**
>
> Los restantes cables que parten del frontal de la caja y que nos quedan por conectar son los de los LED, que indican el funcionamiento del disco duro (IDE_LED) y la luz de equipo en marcha (PLED); también los de los botones de reseteo (Reset SW) y botón de arranque del computador (Power SW).

Como antes, nos fijaremos en el manual de la placa para localizar la ubicación y posición de todos los cables. Si disponemos de una ficha de apoyo, la utilizaremos para facilitar la tarea.

Una vez colocados correctamente los cables en su posición, solo tenemos que conectarlas en la placa base.

- **PASO 11. CONEXIÓN DEL CABLEADO ALIMENTACIÓN PLACA BASE ATX**

Comprobamos en el manual, como siempre, de la placa base la localización de los conectores ATX a la fuente de alimentación. Estos conectores se colocarán normalmente en dos ubicaciones. Una para el conector de 20 pines (denominado normalmente P1) más cuatro pines (denominado normalmente 24), que se unen y colocan en el mismo punto de conexión, y otra para el conector de cuatro pines (con cableado negro y amarillo).

Una vez localizadas las ubicaciones, colocamos los conectores en la placa base fijando correctamente la pestaña de sujeción.

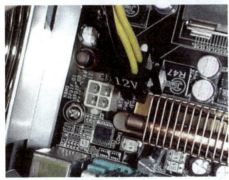

> **Comprobaciones antes del primer encendido del equipo**

- Se ha conectado la alimentación entre la placa base y microprocesador.

- La placa base está correctamente fijada al chasis.

- El microprocesador está correctamente alojado y el sistema de refrigeración están sujetos correctamente.

- Los lectores ópticos y los discos están correctamente fijados al chasis.

- Los lectores ópticos tienen correctamente conectados los cables de datos y de alimentación.

- Los conectores frontales del equipo están correctamente conectados.

- Las tarjetas de expansión están correctamente alojadas y sujetas a la caja.

- El conector de alimentación La tarjeta gráfica está correctamente conectado.

- Los ventiladores de la caja están correctamente conectados y los cables recogidos para que no rocen con las aspas del ventilador.

- El resto conexiones y configuraciones extra están realizadas.

- Los cables del interior de la caja están recogidos y sujetos por bridas.

- El monitor, teclado y el ratón están conectados al equipo.

- El cable de alimentación está conectado y tiene corriente.

Antes de dar los últimos retoques y de cerrar la caja, es recomendable conectar a la corriente el computador y efectuar una comprobación de funcionamiento correcto del equipo. Para ello, conectamos el cable de alimentación a una toma eléctrica y enchufamos al menos el teclado y el monitor.

Si todo es correcto:

- Fuente alimentación genera corriente eléctrica (PLED y ventilador funcionan).

- Disipadores funcionan.

- Emite un beep, si tiene algún zumbador (hay placas que se compra por separado).

- En el monitor, presenta el POST y acaba correctamente.

Desconectamos el equipo de la corriente eléctrica y colocaremos todos los cables internos de modo que estén agrupados, no molesten ni se enganchen con los dispositivos, utilizaremos bridas o fijaciones (cinchos de plástico).

Únicamente nos falta conectar todos los periféricos y dispositivos externos.

- **PASO 12. COMPROBAR DISPOSITIVOS EN EL SETUP**

Comprobaremos si todos los dispositivos son conectados y reconocidos correctamente entrando al SETUP, para luego proceder a la instalación del sistema operativo.

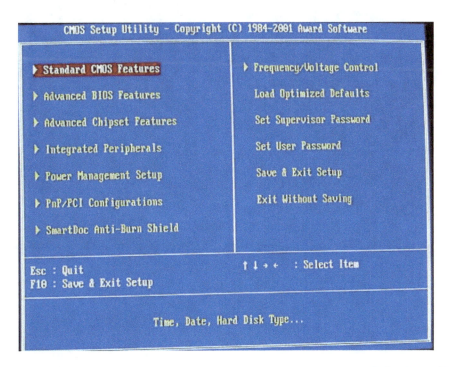

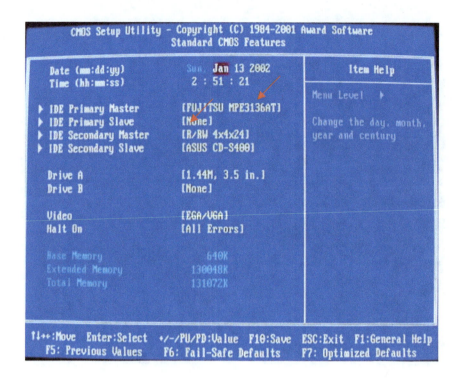

- **PASO 13. CERRAR EL CASE**

Para finalizar, colocaremos las tapas de la caja en su sitio, atornillándolas correctamente, sin antes apagar y desconectado todo.

- **PASO 14. INSTALA EL SISTEMA OPERATIVO**

➤ Conecta una unidad USB booteable o DVD con el sistema operativo instalado.

➤ Enciende la computadora y entra en la BIOS.

➤ Configura el orden de arranque para que la computadora arranque desde la unidad USB o DVD con el sistema operativo instalado.

➤ Sique las instrucciones en la pantalla para instalar el sistema operativo.

- ## PASO 15. INSTALA LOS CONTROLADORES

Una vez que el sistema operqtivo esté instalado, instala los controladores para los componentes de la computadora.

- ## PASO 16. PRUEBA TU COMPUTADORA

Enciende tu computadora y verifica que todos los componentes funcionen correctamente.

4.5. CONSEJOS QUE SE DEBE TENER EN CUENTA AL COMPRAR UNA COMPUTADORA

Hoy constantemente están surgiendo programas nuevos y para acceder a ellos debes contar con dispositivos actualizados. Por esto, se debe tener ciertas precauciones a la hora de adquirir un computador. No sea cosa que lo que hoy adquieran, mañana quede obsoleto.

Comprar una computadora es una inversión importante, es crucial elegir la que mejor se adapte a tus necesidades y presupuesto.

Debes comprar una computadora que te permita satisfacer nuevas necesidades, deberás prestar atención a ciertas características mínimas que debe tener. Igualmente, antes fíjate un presupuesto a gastar y piensa en qué usarás la máquina.

Los conocedores del mercado aseguran que lo ideal no es comprar una computadora último modelo ya que éstos estarán a mitad de precio en poco tiempo producto de los cambios continuos del mercado. Por ello es necesario leer reseñas de otros usuarios para obtener información sobre el redimiento y calidad de la computadora.

A su vez, el equipo que adquieras debe permitir la posibilidad de aumentar su memoria tanto RAM como del disco duro a futuro.

Las características que se deben atender al hacer la compra son las siguientes:

- **PROCESADOR:** Éste es clave ya que es considerado el cerebro de la computadora, nos indica la velocidad de rendimiento de la computadora. Si tienes dinero, lo ideal es que inviertas en uno que sea potente, esto te permitirá ejecutar programas y juegos más complejos. De lo contrario, y si sólo usarás el equipo para usar programas básicos como editores de cálculo y texto, además de navegar por Internet, están los procesadores de gama media.

- **MEMORIA RAM:** La memoria de trabajo de la computadora. Cuanto mayor sea tu memoria RAM más cantidad de programas podrás usar al unísono y trabajar sin que se trabe. Se puede comprar de 4GB para actividades básicas de informática, 8GB óptimo para aplicaciones básicas y juegos, 16GB a más para diseño, maquetación profesionales.

- **TARJETA GRÁFICA (GPU):** Esencial para juegos y aplicaciones gráficas. Una tarjeta gráfica más potente te permitirá ejecutar juegos y aplicaciones más exigentes con mayor calidad y fluidez.

- **ALMACENAMIENTO:** Donde se guardan los datos. Puedes elegir entre SSD (más rápido) o HDD (más varato).

- **CONECTIVIDAD:** Algunos equipos cuentan con conectividad inalámbrica, y conexión como USB 3.0, HDMI, ETHERNET, ESATA, asegúrate de que tenga los puertos que necesitas.

- **SISTEMA OPERATIVO**: Windows es el más usado en equipos de escritorio aunque también existen Mac OS, Linux y Unix, entre otros.

- **DISCO DURO:** Puedes comprar un disco duro dependiendo de la cantidad de información que pienses manejar; para cuestión académica un HDD de 500GB es suficiente, ahora se puede solicitar también un disco duro sólido SSD, para mayor rendimiento.

- **MONITOR:** Si le vas a dar un uso normal y no necesitas la computadora para hacer trabajos gráficos, puedes optar por comprar un monitor de 17 pulgas. La calidad de resolución hoy en día varía: HD, FHD, 2K, 4K, mas asegúrate sea compatible con la computadora que estás comprando.

- **TECLADO MOUSE:** existen hoy en día con cables e inalámbricos, según lo que se nos adecue se puede adquirir.

- **CASE:** La caja que contiene todos los componentes. Elige un case que tenga buena ventilación, para evitar el sobrecalentamiento.

- **SISTEMA OPERATIVO:**

  ➢ **Windows:** El sistema operativo más popular para computadoras.
  ➢ **MacOS:** El sistema operativo de Aplle, conocido por su simplicidad y diseño.

➤ **Linux:** Un sistema operativo de código abierto, conocido por su flexibilidad y seguridad.

- **MARCA Y GARANTÍA:** Asegurate de que la marca sea confiable y tenga buen soporte técnico. Busca una computadora con una buena garantía para cubrir posibles problemas.

- **¿DÓNDE LA VAS A USAR?:** Si la vas a usar en tu escritorio lo ideal es que optes por una Desktop y no por una laptop. Éstas nunca son tan buenas como las primeras, de lo contrario optar por una pc portatil.

- **¿LA USARÁN PARA...?** ¿Vas a utilizar el portátil para estudiar?, necesitaras puertos USB para conectar algún pendriver y periféricos o ¿para ver contenido multimedia como películas?, lo ideal es que tenga dos salidas HDMI si quieres usarla también para conectarla al televisor, también un puerto Jack para conectar auriculares, o ¿para jugar, hacer trabajos de diseño gráfico, edición de video?, se necesita contar con una buena tarjeta gráfica, más aún si eres un gamer o ¿para navegación web, redes sociales, procesamiento de datos, etc.?

- **¿CUÁNDO ESTÁS DISPUESTO A GASTAR?:** Por último, es importante que tengas en cuenta cuánto presupuesto tienes. Debes preguntarte si realmente merece la pena gastarse un dinero considerable, en un portátil teniendo en cuenta que puede romperse o perderse o de plano elegir una computadora de escritorio.

Ciertamente, una computadora más cara te asegurará mejor rendimiento cuando juegues a videojuegos exigentes, pero quizás esto no es la razón por la que quieres una computadora pensado para estudiantes. Uno más barato seguramente te será suficiente.

Establece un presupuesto realista, considerando cuando estás dispuesto a gatar en una computadora. Compara precios de diferentes tiendas y marcas para encontrar la mejor oferta.

No te dejes llevar por ofertas demasiado atractivas, asegúrate que la computadora que estás comprando sea de buena calidad y tenga las características que necesitas. Imbestiga bien antes de comprar para asegurarte de que estás aciendo una inversión inteligente.

CAPITULO V: MANTENIMIENTO DE COMPUTADORAS

5.1. HERRAMIENTAS BÁSICAS PARA EL MANTENIMIENTO

5.1.1. DESTORNILLADOR (ESTRELLA/PLANO/PHILLIPS)

Un destornillador es una herramienta que se utiliza para apretar y aflojar tornillos y otros elementos de máquinas que requieren poca fuerza de apriete y que generalmente son de diámetro pequeño.

⊖**Plano**; muy común pero poco usado en el desmontaje de equipos informáticos.

⊕**Estrella**; se utiliza en el desmontaje de equipos informáticos, generalmente en la unión de piezas plásticas.

⊕**Phillips**; muy utilizado, es el más común, en el desmontaje de equipos informáticos, generalmente en la unión de piezas. Se suele confundir con el estrella.

5.1.2. ALCOHOL ISOPROPÍLICO

El alcohol isopropílico, es un alcohol incoloro, inflamable, con un olor intenso y muy miscible con el agua. Sirve para limpiar contactos de aparatos electrónicos, ya que **no deja marcas** y es de rápida evaporación. Usualmente se suele poner alcohol isopropílico al 75% junto con un paño para limpieza de la pantalla de la computadora.

5.1.3. TOALLITAS LIMPIADORAS DE PANTALLAS

Las toallitas de pantallas son toallas de papel típicas que no contienen alcohol o componentes que puedan dañar a las pantallas plásticas de TFT-LCD, también se suele usar paños de microfibra, pero los específicamente diseñados para gafas o limpieza de lentes funcionarán mejor. Se recomienda no frotar ni limpiar la pantalla en círculos, debido a que se puede dañar la pantalla al hacer circular por ella misma partículas de polvo, lo correcto es frotar en una sola dirección. Si no hay alcohol isopropílico y/o un líquido para humedecer el paño, se puede usar agua **destilada o desionizada,** ya que el agua del grifo puede dejar marcas de minerales (cal) en la pantalla.

5.1.4. COMPRESOR DE AIRE DE MANO

Cada tres meses es necesario abrir la CPU desarmarla completamente, sólo deberías dejar conectado el procesador con la tarjeta madre ya que las demás partes son solo de enchufar y desenchufar en cambio con el procesador es un poco delicado. Cuando la tengas desarmada completamente limpia todas las partes de tu PC con un compresor de aire y todos los rincones de la CPU, **sólo debes usar el compresor de aire no agua ni trapos mojados.**

5.1.5. ASPIRADORA DE MANO REGULABLE

Una aspiradora es un dispositivo que utiliza una bomba de aire para aspirar el polvo y otras partículas pequeñas de suciedad. Debe de ser regulable porque hay aspiradoras que **pueden dañar los componentes** por su capacidad de succión.

5.1.6. HISOPOS

Lo untaremos con alcohol hisopropílico y luego lo pasaremos a los circuitos, no derramemos el alcohol directamente por la circuitería.

5.1.7. PINCEL DE MANGO LARGO Y CERDAS BLANDAS

Son muy eficaces para quitar el polvo incrustado en las aspas de los ventiladores, como el polvo que esté por alguna esquina difícil de acceder. Lo mejor sería tener 2 pinceles: uno de tamaño medio y otro pequeño para ranuras pequeñas.

5.1.8. PINZAS PUNTA LARGA

Una funciona como unas pinzas normales, pero por su diseño hecho con precisión, permite el fácil manejo de pequeñas partes que con unas pinzas normales no lograríamos manejar, además de ser resistentes y antimagnéticas.

5.1.9. CRIMPING

Con esta herramienta dejarás de sufrir al tratar de crimpear conectores RJ45 en cable plano. Su construcción te asegura una presión uniforme y paralela en toda la extensión del conector. Posee un adaptador para diferentes tipos de conectores RJ45.

5.1.10. NAVAJA DE PRECISIÓN

Una navaja es un cuchillo cuya hoja pivota sobre un eje que la une al mango o cabo, para que el filo quede guardado entre dos cachas o una hendidura hecha a propósito. También existen navajas cuya hoja se desliza longitudinalmente, dentro y fuera del mango.

5.1.11. DESARMADORES DE PRECISIÓN

En cuanto a su función existen los destornilladores de precisión dinamométrica, los cuales son menores a 10 cm de largo y tienen en el extremo contrario a la cabeza un plano giratorio para de esta forma dar precisión al eje de giro de la herramienta, éstos son empleados en actividades tales como la computación u otras que requieren trabajar con tornillos pequeños, o que requieran un par controlado.

5.1.12. LÁMPARA DE MANO

Es un aparato portátil de iluminación alimentado mediante pilas o baterías eléctricas. Suele estar compuesta de una carcasa que alberga las pilas y la bombilla.

5.1.13. LUBRICANTE DE SILICONA PARA VENTILADORES DE PC

Elimina instantáneamente los molestosos chirridos, trabamientos y sequedad que se producen por falta de lubricación. Producto no aceitoso ni grasoso, además protege contra la humedad.

Prolongue la vida útil de anillos, sellos y empaques de caucho evitando que se resequen y desgasten rápidamente.

5.1.14. DETERGENTE CON AGUA

Para la limpieza de cables externos, carcasa de la PC, la parte posterior del monitor, periféricos como el teclado; pasar un paño húmedo o una esponja con detergente y agua. Para ello la computadora debe estar apagada y sin energía eléctrica, secar bien antes de conectar y prender la computadora.

5.2. TIPOS DE MANTENIMIENTO

El objetivo del mantenimiento informático es lograr que nuestra herramienta de trabajo (la computadora que usamos) esté en funcionamiento el mayor tiempo posible, operando eficazmente y con el máximo nivel de seguridad.

Para llevar a cabo el mantenimiento de la computadora es necesario realizar tareas correspondientes a cada nivel de funcionamiento, al mismo tiempo es importante tener en cuenta que el mantenimiento incluye tanto software como hardware y que ambos requieren un cuidado distinto pero son igualmente importantes en el buen funcionamiento de la PC.

5.2.1. MANTENIMIENTO GENERAL:

Al igual que con cualquier dispositivo que tenga piezas móviles, la mayoría de las computadoras requieren cierto mantenimiento general para ayudar a llevarlas a su capacidad óptima de rendimiento. Consta de lubricaciones, inspecciones y calibraciones del equipo.

Se recomienda que la computadora permanezca en una zona limpia libre de polvo, pieles y otros contaminantes que puedan obstruir la ventilación del equipo. El calor siempre es la mayor amenaza para una computadora y la mayoría de éstas tienen sistemas de refrigeración (activa o pasiva) para disipar el calor para proteger los componentes del sistema. La unidad de procesamiento central (CPU) y la unidad de procesamiento de gráficos (GPU) son los 2 componentes que generan más calor. Otros dispositivos que generan calor son la unidad de fuente de alimentación (PSU) y las unidades de disco duro (HDD).

Se recomienda utilizar la computadora en una ubicación con temperatura de entre 0 °C y 35 °C (entre 32 °F y 95 °F) con un nivel de humedad que no supere el 40 %. Debe inspeccionar el sistema periódicamente y limpiarlo según sea necesario en función de las condiciones ambientales de la ubicación.

5.2.2. MANTENIMIENTO PREDICTIVO:

Se trata de un tipo de mantenimiento que se realiza gracias al uso de herramientas de diagnóstico, con el propósito de detectar posibles fallos, e intentar evitarlas antes de que se produzcan. Este tipo de mantenimiento a veces requiere un pequeño corte de servicio pero favorece el rendimiento general del sistema y la predictibilidad de los servicios, además de ahorrar tiempo y dinero en resolver fallas que de otro modo pueden implicar pérdidas. Se puede dar con controles programados a base de rutinas y análisis.

Sin embargo, muchas de las herramientas utilizadas se emplean de forma continua en el sistema, sin necesidad de que éste se detenga. Esto permite diagnosticar el estado del equipo, generando al mismo tiempo un archivo histórico del funcionamiento del mismo – log.

Aquí te presento cómo aplicar el mantenimiento predictivo a una computadora:

- **MONITOREO DE INDICADORES CLAVE:**

  - **Temperatura:** Las temperaturas elevadas en componentes como la CPU, la GPU o el disco duro pueden indicar un problema de refrigeración o un fallo inminente.

  - **Uso del disco:** Un disco duro que esté constantemente lleno puede indicar un problema de espacio o un fallo inminente.

  - **Uso de la memoria: Una memoria** RAM que esté constantemente llena puede indicar un problema de rendimiento o un fallo inminente.

  - **Consumo de energía:** Un aumento en el consumo de energía puede indicar un problema con un componente o una sobrecarga del sistema.

- **HERRAMIENTAS DE MONITOREO:**

  - **Software de monitoreo:** Existen herramientas de software que pueden monitorear las temperaturas, el uso de recursos y otros indicadores clave de la computadora.

  - **Sensores de hardware:** Algunos componentes, como las tarjetas madre y las unidades de estado sólido (SSD), incluyen sensores que pueden proporcionar información detallada sobre su estado.

- **ANÁLISIS DE DATOS:**

  - **Identificación de patrones:** El análisis de datos recopilados a lo largo del tiempo puede ayudar a identificar patrones que indiquen un fallo inminente.

  - **Algoritmos de aprendizaje automático:** Los algoritmos de aprendizaje automático pueden analizar datos de sensores y registros del sistema para predecir fallos con mayor precisión.

- **ACCIONES PREVENTIVAS:**

  - **Actualizaciones de software:** Las actualizaciones de software pueden incluir mejoras de rendimiento, correcciones de errores y parches de seguridad que pueden ayudar a prevenir fallos.

  - **Limpieza:** La limpieza regular de la computadora y sus componentes puede ayudar a prevenir el sobrecalentamiento y otros problemas.

  - **Reemplazo preventivo:** Si los datos indican un fallo inminente, puede ser necesario reemplazar un componente antes de que falle por completo.

- **EJEMPLOS ESPECÍFICOS:**

  - **Sobrecalentamiento de la CPU:** Si la temperatura de la CPU está constantemente por encima de los límites recomendados, es posible que el ventilador de refrigeración no esté funcionando correctamente o que haya acumulación de polvo. La limpieza del ventilador y la aplicación de pasta térmica pueden resolver el problema.

  - **Disco duro lleno:** Si el disco duro está constantemente lleno, es necesario eliminar archivos innecesarios, desinstalar programas que no se utilizan o comprar un disco duro más grande.

  - **Memoria RAM llena:** Si la memoria RAM está constantemente llena, es necesario cerrar aplicaciones que no se están utilizando, actualizar la memoria RAM o comprar más memoria RAM.

- **BENEFICIOS DEL MANTENIMIENTO PREDICTIVO:**

  - **Prevención de fallos:** Reduce la probabilidad de fallos inesperados.

  - **Reducción del tiempo de inactividad:** Minimiza el tiempo que la computadora está fuera de servicio.

> **Aumento de la vida útil de la computadora:** Prolonga la vida útil de los componentes.

> **Reducción de costos:** Reduce los costos de reparación y reemplazo de componentes.

El mantenimiento predictivo es una herramienta poderosa para garantizar el funcionamiento óptimo de una computadora. Al monitorear indicadores clave, analizar datos y tomar medidas preventivas, puedes evitar problemas potenciales y mantener tu computadora funcionando de manera eficiente y confiable.

5.2.3. MANTENIMIENTO PREVENTIVO:

Por *mantenimiento preventivo* se entienden o se comprenden todas las tareas sobre un equipo o instalación de software para que este permanezca siempre en perfecto estado de conservación y buen funcionamiento.

El *mantenimiento preventivo* se lleva a cabo en los dos términos anteriormente mencionados. En el hardware es necesario para que se mantenga limpio y esté, totalmente libre de fallas técnicas.

En el software el mantenimiento también es de gran utilidad ya que este, actualiza los datos que son necesarios para que los programas funcionen debidamente.

El *mantenimiento preventivo* se lleva a cabo de manera periódica y permanente su finalidad u objetivo principal es particularmente prever anticipadamente el deterioro de nuestro equipo, el uso y agotamiento de sus componentes tanto como las partes o piezas materiales, como los elementos que lo constituyen, en lo que viene siendo la infraestructura o la planta física, que permite su recuperación, restauración, renovación y operación continua, confiable, segura y económica.

Dicho en otras palabras el *mantenimiento preventivo* consiste en la revisión periódica, tanto de hardware como de software en una computadora (con desarmes programados). Estos influyen en el desempeño fiable del sistema, en la integridad de los datos almacenados y en un intercambio de información correcta, a la máxima velocidad posible dentro de la configuración optima del sistema. El *mantenimiento preventivo* en general se ocupa de determinar las condiciones operativas, de durabilidad y de confiabilidad de un equipo.

Podemos confirmar que el *mantenimiento preventivo* es de gran necesidad para todo tipo de equipos, ya que este nos genera grandes ventajas en las que destacan.

- Confiabilidad, los equipos operan en mejores condiciones de seguridad, ya que se conoce su estado, y sus condiciones de funcionamiento.

- Disminución del tiempo de parada de equipos.

- Mayor duración, de los equipos e instalaciones.

- Disminución de existencias en almacén y, por lo tanto sus costos, puesto que se ajustan los repuestos de mayor y menor consumo.

- Uniformidad en la carga de trabajo para el personal de mantenimiento debido a una programación de actividades.

5.2.4. MANTENIMIENTO CORRECTIVO:

El mantenimiento correctivo de una computadora se refiere a las acciones tomadas para reparar y solucionar problemas en un equipo informático cuando presenta fallas o averías. A diferencia del mantenimiento preventivo, que se realiza de forma regular para evitar posibles problemas, el mantenimiento correctivo se lleva a cabo cuando ya se ha detectado una falla en el funcionamiento de la computadora.

- **TIPOS DE MANTENIMIENTO CORRECTIVO**

Existen dos tipos de mantenimientos correctivos:

➢ **Contingente o no planiicado:** Se realiza de manera forzosa e imprevista cuando ocurre una falla, y que impone la necesidad de reparar el equipo antes de poder continuar usándolo. Este tipo de mantenimiento implica que la reparación se lleve a cabo con la mayor rapidez para evitar daños materiales y humanos, así como pérdidas económicas.

➢ **Emergente o programada:** Se trata de la solución que deberá aplicarse cuando el mantenimiento predictivo y el preventivo no hayan podido advertir o prevenir un fallo, y éste se produce. Se trata de la reparación o reemplazo del componente del sistema que no funcione. Tiene como objetivo anticiparse a los posibles fallos o desperfectos que pueda presentar un equipo de un momento a otro. Se trata de prever, con base en experiencias previas, los momentos en que un equipo debe ser sometido a un proceso de mantenimiento para identificar piezas gastadas o posibles averías.

Además de solucionar el problema, será importante determinar cuál ha sido la causa del mismo, para encontrar posibles repercusiones en otras partes del sistema, evitando también que errores similares se repitan en el futuro.

Como resulta evidente, un tipo de mantenimiento reduce la incidencia de otro, y esto se refleja también en los costos. Muchas veces se detiene el mantenimiento preventivo y predictivo entendiendo que éstos no tienen beneficios y comportan un gasto, y es así en efecto, en el corto plazo. Pero ¿qué ocurre un tiempo después? Equipos que funcionaban dejan de funcionar, performan debajo del estándar, o peor aún, provocan pérdidas de información. Los costos del mantenimiento correctivo, que resultan inevitables, son en esos casos muy superiores a los costos del mantenimiento preventivo y predictivo, incluso aplicados en forma continua. En definitiva, no mantener equipos y sistemas nunca es una alternativa inteligente en términos financieros, económicos ni de servicio.

- ## ¿CUÁNDO SE NECESITA MANTENIMIENTO CORRECTIVO?

El mantenimiento correctivo es necesario cuando se experimentan problemas o fallas en el funcionamiento de la computadora. Algunas situaciones que requieren mantenimiento correctivo incluyen:

➢ Errores frecuentes o pantallas azules: Si la computadora muestra errores o se bloquea con frecuencia, es probable que necesite mantenimiento correctivo. Estos problemas suelen ser causados por archivos corruptos, problemas de hardware o software desactualizado.

➢ Rendimiento lento: Si la computadora se vuelve lenta y tarda más de lo habitual en realizar tareas simples, es una señal clara de que necesita mantenimiento correctivo. Esta lentitud puede ser causada por la acumulación de archivos temporales, programas innecesarios que se ejecutan en segundo plano o incluso virus.

➤ Fallas en el sistema operativo: Si la computadora no arranca correctamente o muestra mensajes de error relacionados con el sistema operativo, es probable que requiera mantenimiento correctivo. Problemas como archivos del sistema faltantes o dañados, conflictos de controladores o actualizaciones fallidas pueden causar estas fallas.

- **IMPORTANCIA DEL MANTENIMIENTO CORRECTIVO**

El mantenimiento correctivo es esencial para solucionar problemas específicos y mejorar el rendimiento general de la computadora. Al identificar y resolver problemas técnicos a tiempo, se evita un posible daño adicional y se extiende la vida útil de la computadora.

- **PROCEDIMIENTOS DE MANTENIMIENTO CORRECTIVO**

El mantenimiento correctivo de una computadora puede incluir una variedad de procedimientos, dependiendo del problema específico. Algunos de los procedimientos comunes incluyen:

➤ **Diagnóstico del problema:** El primer paso es identificar la causa de la falla. Esto puede implicar el uso de herramientas de diagnóstico, realizar pruebas de rendimiento y revisar el hardware y software de la computadora.

➤ **Reparación:** Una vez que se ha identificado la causa del problema, se realiza la reparación correspondiente. Esto puede incluir reemplazar componentes defectuosos, reparar circuitos o conexiones dañados, actualizar software o controladores y eliminar programas o archivos corruptos.

➢ **Mantenimiento de hardware:** Se puede llevar a cabo una revisión exhaustiva de los componentes físicos de la computadora, como la placa base, la memoria RAM, el disco duro, la tarjeta gráfica, etc. Esto puede incluir la limpieza de los componentes, la comprobación de conexiones y la sustitución de piezas defectuosas.

➢ **Mantenimiento de software:** Se puede realizar una revisión del sistema operativo, las aplicaciones instaladas y los archivos del sistema. Esto puede incluir la eliminación de archivos innecesarios, la actualización del sistema operativo y las aplicaciones, la instalación de software antivirus y la eliminación de malware.

• **VENTAJAS Y DESVENTAJAS DEL MANTENIMIENTO CORRECTIVO**

El mantenimiento correctivo tiene ventajas y desventajas.

➢ **Ventajas:**

+ Permite que el equipo o la máquina continúen funcionando sin necesidad de reemplazarlos por otros nuevos.

+ Tiene casi siempre una solución concreta que radica en el reemplazo del repuesto adecuado o su reparación.

+ No implica costos extra mientras la falla no se produzca.

+ Suele ser el más común de los mantenimientos.

➢ **Desventajas:**

+ Responde a un desperfecto que ocurre sin margen de aviso previo, y por lo tanto puede necesitarse en un momento complicado.

+ En algunos casos, el equipo estará inútil hasta que no se lleve a cabo el mantenimiento correctivo.

- No protege ni cuida los equipos, por lo que no tiene impacto en su vida útil.
- Sus costos en tiempo y dinero pueden ser impredecibles, y suelen ser siempre mayores a largo plazo.
- Casi siempre se requiere de la intervención de un especialista.

El mantenimiento correctivo es una parte importante del cuidado de una computadora. Aunque es necesario realizarlo cuando se produce una falla, es importante recordar que el mantenimiento preventivo, puede ayudar a reducir la necesidad de mantenimiento correctivo de forma oportuna y eficaz, se puede garantizar que la computadora funcione correctamente se prolongue su vida útil.

5.2.5. MANTENIMIENTO PROACTIVO:

Este tipo de mantenimiento se especializa en detectar la raíz de fallas o averías que esté presentando la computadora, es decir el mantenimiento proactivo, va directo a la **detección** y **corrección** del **origen del desgaste**, centrándose en la falla del equipo para solucionar de manera definitiva. Por lo tanto, este tipo de mantenimiento no ataca los efectos, sino las causas reales de los síntomas que presenta el ordenador, alargando así la vida de la computadora, además de disminuir las tareas de mantenimiento.

Aquí te presento algunos pasos clave del mantenimiento proactivo:

- **ACTUALIZACIONES REGULARES:**

  - **Sistema operativo:** Mantén tu sistema operativo actualizado con las últimas versiones para mejorar la seguridad, el rendimiento y la estabilidad. Las actualizaciones suelen incluir parches de seguridad que protegen tu computadora de vulnerabilidades y amenazas.

➤ **Controladores:** Actualiza los controladores de tus dispositivos (tarjeta gráfica, placa base, etc.) para asegurarte de que funcionan correctamente. Los controladores actualizados pueden mejorar el rendimiento, solucionar problemas y agregar nuevas funciones.

➤ **Aplicaciones:** Actualiza regularmente las aplicaciones que utilizas para obtener nuevas funciones, correcciones de errores y mejoras de seguridad.

➤ **Firmware:** Verifica si hay actualizaciones de firmware para componentes como la placa base, la tarjeta gráfica o el disco duro. Estas actualizaciones pueden mejorar la estabilidad y el rendimiento del hardware.

- LIMPIEZA Y ORGANIZACIÓN:

➤ **Limpieza física:** Limpia regularmente el interior y el exterior de tu computadora. El polvo puede obstruir los ventiladores, causar sobrecalentamiento y reducir el rendimiento. Utiliza aire comprimido para eliminar el polvo de los ventiladores, disipadores de calor y otras partes internas.

➤ **Optimización del espacio en disco:** Elimina archivos temporales, la caché del navegador y otros archivos innecesarios para liberar espacio en disco y mejorar el rendimiento.

➤ **Organización de archivos:** Organiza tus archivos y carpetas de manera lógica para facilitar la búsqueda de información.

- PRUEBAS Y ANÁLISIS:

➤ **Pruebas de rendimiento:** Ejecuta pruebas de rendimiento periódicamente para verificar el estado general de tu computadora. Estas pruebas pueden identificar problemas de rendimiento o errores en el hardware o software.

➤ **Análisis del disco duro:** Utiliza herramientas de análisis para verificar el espacio libre en disco, los archivos más grandes y los problemas potenciales del disco duro.

➤ **Análisis de seguridad:** Ejecuta escaneos de seguridad regulares para detectar amenazas potenciales como virus, malware y spyware.

- **RESPALDOS DE DATOS:**

➤ **Copias de seguridad regulares:** Realiza copias de seguridad regulares de tus archivos importantes para evitar perder datos en caso de fallo del disco duro, infección por malware o cualquier otro problema.

➤ **Respaldos en la nube:** Considera la posibilidad de utilizar servicios de almacenamiento en la nube para realizar copias de seguridad de tus datos y acceder a ellos desde cualquier lugar.

- **MANTENIMIENTO PREVENTIVO DEL HARDWARE:**

➤ **Ventilación:** Asegúrate de que tu computadora tenga una buena ventilación para evitar el sobrecalentamiento.

➤ **Refrigeración:** Verifica que los ventiladores de refrigeración funcionen correctamente y no estén obstruidos por polvo.

➤ **Componentes:** Revisa los componentes de hardware como la memoria RAM, el disco duro y la tarjeta gráfica para detectar cualquier signo de desgaste o daño.

- **BENEFICIOS DEL MANTENIMIENTO PROACTIVO:**

  ➢ **Prevención de fallos:** Reduce la probabilidad de fallos inesperados.

  ➢ **Mayor estabilidad:** Mejora la estabilidad y el rendimiento general de la computadora.

  ➢ **Mayor seguridad:** Protege tu computadora de amenazas de seguridad.

  ➢ **Aumento de la vida útil:** Prolonga la vida útil de la computadora y sus componentes.

  ➢ **Reducción de costos:** Reduce los costos de reparación y reemplazo de componentes.

- **DENTRO DE SUS VENTAJAS ESTÁN LAS SIGUIENTES:**

  ➢ Reducción de costo ante tareas de mantenimiento.

  ➢ Mayor durabilidad de la máquina.

  ➢ Máxima eficiencia en cuanto a tiempos de parada, siendo muy reducidos.

  ➢ Reducción de fallas y problemas secundarios gracias a su táctica de detección y corrección.

  ➢ Total confiabilidad del equipo y dispositivo.

Recuerda que el mantenimiento proactivo es una inversión en la salud y el rendimiento de tu computadora. Al dedicarle tiempo y atención, puedes evitar problemas costosos y frustrantes, y disfrutar de una experiencia informática más estable, segura y eficiente.

5.2.6. MANTENIMIENTO EVOLUTIVO:

Este tipo de mantenimiento no tiene como finalidad la atención de fallas ni averías; sino que su objetivo es realizar una actualización y, por lo tanto, una evolución del ordenador. Este tipo de mantenimiento es de suma importancia, sobre todo en los tiempos que corren, ya que la tecnología evoluciona de manera constante, lo que trae como consecuencia que los dispositivos como las computadoras queden obsoletas muy rápidamente.

Para evitar que una computadora pierda vigencia y esto dificulte la realización de actividades propias, se aplican técnicas de mantenimiento evolutivo, que incluye migración del sistema operativo (instalación limpia del S.O.), la sustitución de discos duros más actuales y con más capacidad (de un HDD a un SSD), actualización de memoria RAM (upgrade), instalación de componentes más actualizados, entre otros.

El mantenimiento evolutivo en una computadora se refiere a un proceso continuo de actualización, mejora y adaptación del sistema para optimizar su rendimiento, seguridad y funcionalidad a lo largo del tiempo. No se trata de un proceso único, sino de una serie de intervenciones que se van realizando de forma gradual y adaptativa según las necesidades del usuario y las nuevas tecnologías disponibles.

Aquí te presento algunos aspectos clave del mantenimiento evolutivo:

- **ACTUALIZACIONES CONTINUAS:**

  - ➢ **Sistema operativo:** Mantener el sistema operativo actualizado con las últimas versiones es fundamental para garantizar la seguridad, mejorar el rendimiento y aprovechar las nuevas funciones.

  - ➢ **Controladores:** Las actualizaciones de controladores de dispositivos son cruciales para garantizar el funcionamiento óptimo y la compatibilidad con el hardware.

➢ **Aplicaciones:** Las actualizaciones de software de las aplicaciones que utilizas corrigen errores, mejoran la estabilidad y añaden nuevas funciones.

➢ **Firmware:** Las actualizaciones de firmware para componentes como la placa base, la tarjeta gráfica o el disco duro pueden optimizar el rendimiento y la estabilidad del hardware.

- **OPTIMIZACIÓN DEL RENDIMIENTO:**

➢ **Limpieza del sistema:** Eliminar archivos temporales, la caché del navegador y otros archivos innecesarios libera espacio en disco y mejora la velocidad de funcionamiento.

➢ **Gestión de procesos:** Cerrando las aplicaciones que no se están utilizando se liberan recursos del sistema, lo que mejora el rendimiento.

➢ **Actualización de hardware:** A medida que la tecnología avanza, se pueden actualizar componentes como la memoria RAM, el disco duro o la tarjeta gráfica para mejorar el rendimiento y la capacidad del sistema.

- **MEJORA DE LA SEGURIDAD:**

➢ **Antivirus y firewall:** Mantener un antivirus y un firewall actualizados es esencial para proteger la computadora de virus, malware y otras amenazas.

➢ **Actualizaciones de seguridad:** Instalar las actualizaciones de seguridad del sistema operativo y las aplicaciones es crucial para protegerse de las últimas vulnerabilidades.

➢ **Configuración de seguridad:** Ajustar la configuración de seguridad del sistema operativo, el navegador y las aplicaciones puede mejorar la protección contra ataques.

- **ADAPTACIÓN A LAS NUEVAS TECNOLOGÍAS:**

  - **Nuevo hardware:** A medida que surgen nuevas tecnologías, es posible que sea necesario actualizar el hardware para aprovechar las nuevas funciones y mejorar el rendimiento.

  - **Nuevos software:** Explorar nuevas aplicaciones y herramientas que mejoren la productividad, la comunicación o el entretenimiento.

  - **Nuevos sistemas operativos:** Si el sistema operativo actual ya no es compatible con el hardware o las nuevas tecnologías, es posible que sea necesario actualizar a una versión más reciente.

- **EVALUACIÓN Y ADAPTACIÓN:**

  - **Monitoreo del rendimiento:** Observar el rendimiento del sistema y la utilización de los recursos puede ayudar a identificar áreas que necesitan optimización.

  - **Análisis de necesidades:** Evaluar las necesidades del usuario y las nuevas tecnologías que surgen puede determinar qué actualizaciones o mejoras se necesitan.

  - **Ajustes y mejoras:** Realizar ajustes y mejoras de forma continua para optimizar el sistema según las necesidades cambiantes.

- **EJEMPLOS DE MANTENIMIENTO EVOLUTIVO:**

  - **Actualizar el sistema operativo a una versión más reciente:** Esto puede mejorar la seguridad, el rendimiento y las funciones disponibles.

➢ **Aumentar la memoria RAM:** Esto puede mejorar el rendimiento de la computadora, especialmente al ejecutar programas que requieren mucha memoria.

➢ **Instalar una nueva tarjeta gráfica:** Esto puede mejorar el rendimiento de los juegos y las aplicaciones gráficas.

➢ **Migrar a un SSD:** Esto puede mejorar la velocidad de inicio y carga de aplicaciones.

El mantenimiento evolutivo es un proceso continuo que requiere atención y esfuerzo para mantener la computadora en óptimas condiciones. Al realizar actualizaciones, optimizaciones y adaptaciones de forma regular, se puede garantizar que el sistema siga funcionando de manera eficiente, segura y compatible con las nuevas tecnologías.

Es importante destacar que el mantenimiento evolutivo no se trata de cambiar constantemente el hardware o el software. Se trata de realizar las actualizaciones y mejoras que realmente son necesarias para mantener el sistema funcionando de manera óptima y adaptarlo a las necesidades del usuario.

Este tipo de mantenimiento es muy ventajoso para los usuarios, ya que es más rentable la actualización del equipo en comparación con la adquisición de nuevo equipamiento. Así mismo, es altamente beneficioso para para poder mantener el funcionamiento del computador actualizado y en su estado más idóneo. Este tipo de mantenimiento solamente puede ser llevado a cabo por personal especializado conocedor de estos temas informáticos.

5.3. PLAN DE MANTENIMIENTO

Básicamente, la necesidad de **crear un plan de mantenimiento de computadoras** es evitar que los equipos fallen debido a problemas técnicos encontrando y corrigiendo aquellos pequeños problemas antes de que se conviertan en fallas que deban ser analizadas y solucionadas por expertos del soporte técnico, lo que seguramente demandará pagar una factura.

Si no prestamos atención **al mantenimiento de nuestras computadoras,** lo más probable es que estos con el tiempo fallen debido a problemáticas asociadas con componentes sueltos, suciedad, humedad y otros muchos factores.

Es por ello que **debe establecerse un plan de mantenimiento,** lo cual es una de las mejores maneras existentes para asegurar el buen estado de nuestras computadoras y mantenerlas en un grado óptimo de funcionamiento. **Este plan de mantenimiento de computadoras debe incluir todos los tipos de mantenimientos antes mencionados.**

He creado un plan de mantenimiento estructurado para tu computadora. Este plan abarca desde tareas diarias hasta anuales, lo que te permitirá mantener tu equipo en óptimas condiciones a lo largo del tiempo.

Algunas recomendaciones para implementar este plan:

- **Personalización:** Adapta la frecuencia de las tareas según tus necesidades específicas y el uso de tu computadora.
- **Recordatorios:** Configura recordatorios en tu calendario para las tareas menos frecuentes.
- **Registro:** Mantén un registro de las tareas realizadas y cualquier problema que encuentres.
- **Flexibilidad:** Revisa y ajusta el plan periódicamente según cambien tus necesidades o el rendimiento de tu computadora.

- **Seguridad:** Siempre realiza copias de seguridad antes de hacer cambios importantes o limpiezas profundas.

5.4. ¿PARA QUE SIRVE EL MANTENIMIENTO DE UNA COMPUTADORA?

Para prevenir fallas mecánicas o eléctricas en los periféricos de la computadora (teclado, mouse monitor, etc.) y en el C.P.U., dependiendo de las necesidades del equipo. También es necesario darle mantenimiento al software o programas de cómputo, ya que el continuo uso genera una serie de cambios en la configuración original del sistema, causando bajas en el rendimiento que al acumularse con el tiempo pueden generar problemas serios. Actualmente también es indispensable mantener actualizada la protección contra virus informáticos. El equipo de cómputo requiere de mantenimiento debido a que, acumula del medio ambiente polvo, partículas que dañan su funcionamiento, el propio uso genera el desajuste de las piezas y partes que impiden su funcionamiento con normalidad, entre otros.

Las computadoras funcionan muy bien y están protegidas cuando reciben mantenimiento. Si no se limpian y se organizan con frecuencia, el disco duro se llena de información, el sistema de archivos se desordena y el rendimiento general disminuye.

Si no se realiza periódicamente un escaneo del disco duro para corregir posibles errores o fallas, una limpieza de archivos y la desfragmentación del disco duro, la información estará más desprotegida y será más difícil de recuperar.

5.5. ¿CADA CUANDO TIEMPO SE DEBE SOMETER A MANTENIMIENTO UNA COMPUTADORA?

Existen algunos indicadores de que un sistema puede necesitar un mantenimiento.

- Temperaturas más altas informadas en las herramientas o los diagnósticos del sistema
- Rendimiento muy lento.
- Mensajes de error (especialmente relacionados con calor)
- Ruido en el ventilador.
- Fallas graves del sistema
- Reinicios o cuelgues del sistema.

El mantenimiento de una computadora no debe ser algo que se deba tomar a la ligera, debido fundamentalmente a que en la mayoría de los casos, como ya mencionamos, es la principal herramienta de producción. Es por ello que **debemos ser muy estrictos en cada cuanto tiempo hacemos manteniendo de la computadora,** siempre dependiendo del uso que se haga de la misma.

En el caso de computadoras que se utilizan en un horario laboral típico o más, es decir 8 horas todos los días de la semana, como equipos de computación de oficinas, cibercafés, industrias y demás, **será necesario someter el equipo a mantenimiento por lo menos una vez al mes.**

Si la computadora es utilizada en el ámbito hogareño, o una oficina pequeña, es decir que no se mantiene encendido siempre, **con someterlo a mantenimiento cada seis meses bastará para mantenerlo en óptimas condiciones.**

Si los equipos se utilizan esporádicamente, es decir que no se encienden regularmente, **con hacerles un mantenimiento una vez por año bastará,** ya que al no tener tanto uso, su interior se mantiene más limpio, y su hardware se desgasta menos.

Si tomamos en consideración los consejos dados, **la buena salud y el óptimo funcionamiento de nuestras computadoras** está garantizado por un buen tiempo, incluso mucho más allá de la fecha en que ya no serán modernos.

5.6. ¿QUÉ DEBO HACER ANTES DE EMPEZAR A LIMPIAR UNA COMPUTADORA?

- Desconectar la PC y retirarlo de la toma eléctrica.
- Nunca usar agua para limpiar el gabinete por dentro.
- Nunca retirar las teclas de una notebook.
- Recuerda que por lo general los componentes de la PC son sensibles, por lo tanto, necesitas ser cuidadoso para no afectar al funcionamiento de tu equipo.

5.7. ¿CÓMO LIMPIAR UNA COMPUTADORA?

Muchos usuarios se preocupan de optimizar su computadora internamente, sacando los virus, desinstalando los programas que son poco utilizados y demás tareas, pero se olvidan de la parte más visible de la computadora, que es su parte exterior. Una PC debidamente limpia puede funcionar más rápido y aumentar su vida útil.

Todos sabemos que la limpieza de nuestra casa es algo que se debe realizar con cierta frecuencia. Es necesario recordar que **la computadora forma parte de la lista de objetos que acumulan suciedad** y necesitan ser limpiados.

5.8. PLAN DE ACCIÓN PARA EL MANTENIMIENTO DE UNA COMPUTADORA

Todos sabemos que es mejor prevenir que curar. Los buenos hábitos ayudan a economizar tiempo, dinero y problemas. Es por ello que a partir de este punto se dan **varios consejos para mantener tu computadora funcionando sin problemas.**

Una vez que tenemos nuestra flamante computadora sobre el escritorio, una de las primeras cosas que tenemos que hacer es **diagramar una estrategia de limpieza y mantenimiento** para que la inversión que acabamos de hacer se mantenga durante la mayor cantidad de tiempo posible.

Para ello, lo mejor que podemos hacer para mantener una computadora nueva en óptimas condiciones es:

- Instala una UPS o al menos un estabilizador de buena calidad. Ten presente que necesita que continúe funcionando en caso de falta de energía, pues mientras más dispositivos, menor la autonomía de la UPS. **Recuerda que la función de una UPS es darte tiempo para apagar la computadora con tranquilidad y seguridad,** no para continuar trabajando hasta agotar la batería.

- Durante la instalación **de los programas,** haz el registro que te solicite cada uno. Así vas a garantizar el acceso a actualizaciones, informaciones útiles y promociones para acceder a nuevas versiones.

- Configura la auto-actualización de los programas cuando esté disponible. Así no tienes que preocuparse por eso.

- Si tu PC es "de marca", probablemente vino con un manual. Lee los consejos de mantenimiento del fabricante.

- Configura el **auto-archivado de los correos en tu programa de e-mail.** Este procedimiento evitará futuros problemas de corrupción del archivo de mensajes y demora en el acceso y lectura.

- Instala un anti-virus de calidad.

- Instala un software anti-spyware/anti-adware de calidad.

- Guarda todos los CDs de instalación en un solo lugar. Crea una carpeta en el disco rígido y copia el contenido de todos estos CDS en sub-carpetas.

➢ Mantenimiento Diario

- Apagar o hibernar la computadora cuando no esté en uso.

- Mantener el área de trabajo limpia y libre de polvo.

- Realizar copias de seguridad de archivos importantes.

➢ Mantenimiento de la computadora cada semana o 2 semanas

- Haz un análisis de tu disco rígido para buscar posibles problemas.

- Ejecuta una desfragmentación de tu disco rígido.

- Haz un backup de los archivos importantes. No sirve hacer una simple copia en otro lugar de tu disco rígido, este backup debe ser realizado en otro dispositivo, como un segundo disco rígido, un CD, un DVD o un servicio online como Google Drive, Microsoft OneDrive o Dropbox.

Un verdadero mantenimiento de PC no estaría completo sin no llevaras a cabo **copias de seguridad.** Las copias de seguridad te permiten tener la tranquilidad de que todos los archivos importantes de tus discos duros están a salvo de cualquier problema.

Hay diversas **formas de hacer una copia de seguridad,** tanto para el hogar como para la empresa.

- ✓ Vacía la papelera del sistema operativo.

- ✓ Limpia los archivos temporales de tu navegador.

✓ Limpia las "cookies" de tu navegador.

✓ Revisa los programas de inicio, algunos cargan junto con el sistema operativo, generando que el sistema cargue lento.

✓ Certifica que las definiciones de virus y spyware están actualizadas.

✓ Ejecuta un análisis completo con el anti-virus y el anti-spyware. Hazlo en horarios separados, pues ejecutarlos al mismo tiempo hará que tu computadora funcione muy lento.

➢ **Mantenimiento de la computadora cada 1 o 2 meses.**

✦ Chequea si existen actualizaciones de tu sistema operativo y de los programas instalados.

Entre las **tareas de mantenimiento** más importantes para que tu computadora tenga un correcto funcionamiento es actualizar. Esto significa **actualizar cada vez que se requiera tus sistemas operativos,** los controladores y tus programas.

Como sabes, la mayoría de las aplicaciones te avisan cuando hay disponible una actualización. Lo mismo sucede con el sistema operativo, sea Windows, Linux o Mac.

Ahora, muchos de los problemas que pasan en tu computadora son debido a que has dejado pasar **mucho tiempo sin limpiar Windows.**

✦ Remueve los programas instalados que no uses.

✦ Desfragmentar el disco duro (si es HDD).

✦ Limpiar el navegador (historial, caché, cookies).

➤ **Mantenimiento de la computadora cada 3 meses.**

- Realizar una limpieza física profunda: Teclado, monitor, periféricos (incluyendo componentes internos).

- Verificar el estado del disco duro y realizar chequeos de errores.

- Revisar y optimizar los programas de inicio.

- Reorganiza tu ambiente de trabajo. Tanto el virtual como el real.

- Cambia sus contraseñas de acceso.

➤ **Mantenimiento de la computadora cada 6 meses.**

- Evaluar el rendimiento general y considerar actualizaciones de hardware.

- Realizar una limpieza completa del registro de Windows (con precaución).

- Revisar y actualizar las políticas de seguridad y contraseñas.

➤ **Mantenimiento de la computadora cada año.**

- Renueva las licencias de software y actualizaciones de anti-virus y anti-spyware.

- Considerar una reinstalación limpia del sistema operativo.

- Evaluar la necesidad de actualizar componentes mayores (RAM, SSD, etc.).

- Revisar y actualizar el plan de mantenimiento según las necesidades cambiantes.

➤ **Notas Adicionales**

- Ajustar la frecuencia de las tareas según el uso y las condiciones ambientales.

🞣 Mantener un registro de las tareas realizadas y cualquier problema encontrado.

🞣 Conservar los manuales y la información de garantía en un lugar seguro.

5.9. MANTENIMIENTO DE HARDWARE

Tener en cuenta que:

➢ Un aspirado genera estática, lo cual puede dañar componentes delicados del sistema, por eso se recomienda uso de pulsera anti estática.

➢ No gire los ventiladores a altas velocidades, ya que esto puede dañar los rodamientos y causar una falla de ventilador, por consiguiente, se recomienda hacer rociados cortos de aire, limpie las rejillas de aire y los disipadores de calor de la CPU/GPU para remover suciedad, polvo o residuos.

5.9.1. REVISAR LOS CONECTORES INTERNOS Y EXTERNOS DE LA COMPUTADORA:

Revisar que los conectores internos estén firmes, y no flojos. Además de revisar que las tarjetas de expansión y de memoria se encuentren bien conectadas.

Revisar que los conectores externos estén ordenados, en buen estado de conservación y bien conectados.

- ¿CÓMO LIMPIAR LOS CABLES EXTERNOS?

  Esta limpieza es algo sencilla y con algo de poco trabajo, basta simplemente con humedecer ligeramente un paño con una mezcla agua con un poco de detergente, frotarlo por los cables externos para luego después secarlos con un paño seco. Tener el cuidado debido al **secar las partes metálicas de los cables**, pues de no ser así puede transformarse en algún problema.

5.9.2. LIMPIEZA DEL MONITOR:

Tener sumo cuidado con el monitor, debido a que estando apagado, este suele almacenar bastante energía, el cual, podría traer algo de peligro, por esta razón no abrir el monitor sino presenta falla alguna, de lo contrario tomar las previsiones en caso el monitor esté malogrado y se tenga que abrir para repararlo; mientras tanto solamente preocuparnos en soplar el aire al interior por las rejillas y limpiar y el filtro de la pantalla con un paño seco.

Para limpiar la pantalla de tu monitor tienes dos opciones: o la limpias con un pedazo de algodón ligeramente humedecido, o con un paño igualmente humedecido. Sea cual fuere el método elegido, pasa un paño seco después de limpiar la pantalla.

Para limpiar el resto del monitor, sólo debes pasar un paño ligeramente humedecido con agua y después secar con otro paño. Si **el monitor está muy sucio**, puedes usar una mezcla de detergente y agua en el paño.

Es posible también sustituir el detergente por alcohol (solamente cuando vayas a limpiar el monitor, para las otras partes del ordenador use solamente detergente). Hay quienes recomiendan el uso de alcohol para limpiar la pantalla, pero éste tiene que ser alcohol hizopropílico a 75º, en lo posible evitar su uso, o sólo limpiar con ello la carcasa. El uso de alcohol puede descolorar el monitor con el tiempo, por eso no es muy aconsejado utilizarlo. Si lo vas a hacer, usa sólo unas gotas, sólo para la carcasa exterior, no para la pantalla.

Independientemente del tipo de monitor que uses, se debe tener bastante cuidado al limpiar la pantalla. Se debe elegir bien el tipo de paño a usar. Evitar en lo posible los movimientos circulares al limpiar la pantalla del monitor, debido a que el paño podría llenarse con partículas de polvo que en el movimiento circular puede rayar a dicha pantalla, lo recomendable es pasar el paño en un solo sentido, ya sea vertical u horizontal.

5.9.3. LIMPIEZA DE MOUSE:

- ### ¿CÓMO LIMPIAR UN MOUSE MECÁNICO?

Antiguamente se usaba el mouse mecánico, el cual usaba una esfera en el centro el cual era movido por unos rodillos, se sacaba a tapa de dicho mouse girándolo según las indicaciones de la flecha, para luego sacar la esfera y limpiarla unto con los rodillos del interior.

- ### ¿CÓMO LIMPIAR UN MOUSE ÓPTICO?

  ➢ Primero tendremos que **desconectar el mouse de la computadora.**

  ➢ Destornillar un tornillo o 2 tornillos según sea el caso que unen la parte de abajo con la de arriba.

  ➢ Con un hisopo bañado con muy poco alcohol, limpiar el pequeño y circular lector que emite el haz de luz rojo.

➢ Para **limpiar la rueda del mouse (netscroll)**, debemos limpiar la rueda, cuidando que no haya pelusas, y limpiar con un hisopo, como en el paso anterior los leds que se encuentran al costado de la misma (estos no emiten luz)

➢ Cerrar el mouse y conectarlo a la computadora.

5.9.4. ¿CÓMO LIMPIAR EL TECLADO?

- **LIMPIAR LA SUPERFICIE**

➢ **Limpiar cualesquier líquido derramado:**

Si tienes un accidente y derramas algo en el teclado, lo primero que se debe hacer es reducir el daño y limpiar la suciedad. Absorbe todo el exceso de líquido con papel absorbente o una toalla de baño. Luego, permite que el teclado se seque con el aire antes de intentar hacer otra cosa. Esto tomará aproximadamente 2 a 3 días.

➢ **Limpia la superficie**

Utiliza un pedazo de papel absorbente húmedo para limpiar la superficie del teclado mecánico. De esta manera, podrás eliminar cualquier residuo pegajoso o mugre de la superficie. Esto ayudará a minimizar la cantidad de tierra que se atasca bajo las teclas y que podría causar un problema más adelante. También puedes usar un paño desechable para este paso.

➢ **Utiliza una masilla para limpiar el teclado:**

Estas masillas suelen emplearse para este propósito porque se amoldan a los espacios pequeños y recogen la tierra y residuos atorados en el interior del teclado. Retira todas las teclas y da toques suaves con la masilla en toda la superficie.

 ✦ También puedes utilizar la masilla sin quitar las teclas, pero el resultado será más eficiente si las retiras.

 ✦ Ten cuidado de no usar una masilla muy pegajosa, ya que podría dejar residuos en el teclado, lo que eliminaría por completo la utilidad del producto.

 ✦ Puedes comprar estas masillas en cualquier tienda de artículos de oficina.

- **DESARMAR EL TECLADO**

➢ **Retira todas las teclas.**

Utiliza una herramienta llamada extractor de teclas (que se ve como un alicate con punta de alambre) para quitar todas las teclas del teclado. Simplemente empuja hacia abajo cada una con el extractor y luego jala. De esta manera, retirarás cada tecla. Trata de mantener todas las teclas ordenadas de manera que sea fácil colocarlas de nuevo en su lugar. Considera mantenerlas agrupadas según el lado al que pertenezcan.

➤ **Lava las teclas.**

Toma todas las teclas y límpialas con un papel absorbente mojado con una mezcla de agua tibia y un jabón lavavajillas suave. Asegúrate de quitar cualquier residuo pegajoso o tierra de cada tecla en el proceso. También puedes sumergir las teclas en un tazón lleno con una solución de agua tibia y tabletas para limpieza de dentaduras; déjalas remojar y luego sécalas. Deja que las teclas se sequen por completo antes de volver a colocarlas en el teclado mecánico. Esto puede tomar de 1 a 2 días.

➤ **Elimina el contenido.**

Lleva el teclado mecánico afuera. Colócalo boca abajo y bota toda la tierra y residuos al suelo. Hazlo cuidadosamente a fin de no botar alguna de las piezas internas del teclado, pero muévelo con suficiente energía como para eliminar la mayoría de los restos.

✦ Puedes botarlos en la papelera, pero correrás el riesgo de que floten fuera del recipiente y queden en cualquier parte de tu hogar.

✦ También puedes rociar algo de aire comprimido en lata mientras está boca abajo para sacar los restos.

➤ **Limpia el teclado con un limpiapipas, brocha, cepillo, hisopo y alcohol.**

Humedece un limpiapipas con un poco de alcohol isopropílico y frótalo suavemente en el teclado desarmado. Ten cuidado de no usar mucho alcohol o podrías mojar los componentes. Asegúrate de que el alcohol restante se seque por completo antes de volver a armar el teclado mecánico y conectarlo. De lo contrario, podría producirse un cortocircuito y el dispositivo se arruinaría.

➤ **Arma de nuevo el teclado.**

Una vez que hayas limpiado el teclado (y las teclas) y que se haya secado por completo, será momento de volver a armarlo. Coloca cada una de las teclas en su lugar hasta que el teclado quede como al inicio. Asegúrate de colocar las teclas en el lugar correspondiente. Tal vez debas consultar el diagrama de un teclado QWERTY antes de empezar.

- **TOMAR MEDIDAS PREVENTIVAS**

  ➢ **Utiliza una lata de aire comprimido o infla globos.**

  Una de las maneras más fáciles de mantener un teclado mecánico limpio es rociarlo regularmente con aire comprimido. Este método implica soplar una corriente fuerte de aire hacia el teclado para empujar toda la tierra y residuos acumulados en los lugares difíciles de alcanzar entre las teclas.

  ✦ Puede utilizarse un infla globos o una comprensora de aire manual.

  ✦ Rocía el teclado mecánico con el aire comprimido cada cierta cantidad de días para mantenerlo limpio y en buen estado.

  ➢ **Utiliza una aspiradora antiestática.**

  El más grande problema de usar aire comprimido es que no deshace de la tierra y los residuos, sino que simplemente los sopla para que se posen en cualquier otro lugar de la habitación. Por ello, aspirar los restos es una buena solución.

Sin embargo, se recomienda no utilizar una aspiradora normal con aparatos electrónicos, ya que la descarga electroestática puede afectarte a ti y a tu computadora. Como alternativa, puedes conseguir una aspiradora antiestática para aspirar todos los residuos desagradables que se acumulan en el teclado mecánico. Esto ayudará que el teclado se mantenga limpio por más tiempo, ya que eliminarás la tierra en vez de solo soplarla hacia otro lugar.

➢ **Revisa la garantía del fabricante.**

La mayoría de los teclados mecánicos incluyen con una garantía del fabricante. Muchas de las opciones de limpieza, como pasarla por el lavaplatos o quitar y lubricar las teclas, pueden anular la garantía. Por ello, será mejor que revises las especificaciones antes de comenzar a fin de no arruinarla. Sigue las instrucciones de limpieza del manual de usuario y considera contactar al fabricante para buscar un repuesto si fuera necesario.

5.9.5. LA SUPERFICIE EXTERNA DE UNA COMPUTADORA Y SUS PERIFÉRICOS:

Para llevar a cabo esta tarea se recomienda utilizar una tela humedecida en jabón líquido o una sustancia especial que no contengan disolventes o alcohol por su acción abrasiva, luego de ello usar nuevamente un paño seco que no deje pelusas.

- **¿CÓMO LIMPIAR EL GABINETE?**

El gabinete contiene las partes que dan "vida" la PC, por lo tanto, debes tener mucho cuidado al realizar las siguientes operaciones:

➤ **Limpiar el exterior del gabinete**

Desenchufa todos los cables y usa una aspiradora de polvo para **aspirar la suciedad de las entradas de aire** (agujeros) del gabinete. Pasa un paño humedecido con una mezcla de agua y detergente por el resto del gabinete, tomando cuidado para no dejar caer alguna gota por las entradas de aire.

Después, quita el exceso de detergente con otro paño humedecido solamente con agua, y por último, con otro paño, seca el gabinete. En ciertos lugares (como alrededor del botón de encendido) puedes usar un hisopo para limpiar.

➤ **Limpiar el interior del gabinete**

La limpieza de esta parte es muy importante, pues la performance de la PC puede verse comprometida debido al recalentamiento provocado por el mal funcionamiento de los sistemas de refrigeración interna del gabinete.

Ten mucho cuidado con los componentes electrónicos que están dentro del gabinete (¡no pases el paño en ellos!), pues cualquier accidente, por menor que sea, puede afectar a tu PC.

Retirar el polvo que se adhiere a las piezas y al interior de la computadora, siempre y cuando los cables externos que alimentan de electricidad estén desconectados de los demás componentes periféricos. Para esta limpieza puede usarse algún aparato soplador o una pequeña aspiradora especial acompañada de un pincel pequeño.

Usa el pincel para barrer, delicadamente, la suciedad de las partes donde la aspiradora no alcance. Pon un pico fino en la aspiradora y aspira la suciedad del cooler (aquel componente que parece un ventilador), la suciedad de todas las entradas de aire y toda la suciedad que fue barrida con el pincel.

5.10. MANTENIMIENTO DE SOFTWARE

El mantenimiento de software es una de las actividades más comunes y es el proceso de mejora y optimización del software es decir revisión del programa, así como también corrección de los defectos.

Esto implica varios cambios en el software en orden de corregir posibles defectos que se presenten, así como también dependencias encontradas durante su uso.

En este tipo de mantenimiento se contempla la búsqueda por virus, la configuración de algún dispositivo (drivers), la revisión del sistema operativo y todo lo referente en cuanto al buen funcionamiento óptimo de la computadora.

Es muy importante saber cuándo es el momento en el que nuestra computadora requiere de dichos mantenimientos. Para ello debemos tomar en cuenta los siguientes puntos.

- Cuando se desea dar un respaldo de la información.

- Cuando el equipo opera con demasiada lentitud.

- Cuando se han instalado programas no deseados.

- Cuando el equipo se apaga o reinicia sin solicitarlo.

La característica principal de este tipo de Mantenimiento es la de inspeccionar los equipos y detectar las fallas en su fase inicial, y corregirlas en el momento oportuno.

5.10.1. DEPURACIÓN

La depuración consiste en eliminar archivos que usted ya no use o no le sirvan con el fin de despejar de su disco duro los archivos que no use pero que podrían ser de utilidad en algún momento a futuro. Dicho en otras palabras depurar se refiere a librar espacio en el disco duro, que con frecuencia es un proceso que necesita de paciencia y organización. Pero es indispensable si queremos que nuestro equipo sea eficiente.

Los motivos para llevar a cabo una depuración, serian prácticamente cuando al navegar por Internet y realizar, las funciones típicas en un PC comenzamos a notar que el disco empieza a llenarse fácilmente y los accesos a otros archivos son más tardados de lo normal.

5.10.2. OPTIMIZACIÓN DEL RENDIMIENTO

- ## BORRAR ARCHIVOS BASURA:

Es probable que tu computador "apeste". No te lo tomes como algo personal, no tenemos nada en contra de él. Lo que ocurre es que los PCs tienen la mala costumbre de acumular basura.

Para tal fin utilizaremos el software conocido como CCleaner, quién nos ahorrará el trabajo de limpiar nuestro S.O. por partes; veamos a continuación su utilidad.

- ## USO DEL PROGRAMA CCleaner

Al ejecutar el programa nos mostrara la ventana principal, como se puede ver tiene una interfaz sencilla. En la parte izquierda de la ventana nos muestra 4 opciones:

➢ **Limpiador:** al pulsar esta opción nos mostrara una ventana al lado con las pestañas de lo que va a escanear, la ventana se divide en dos (Windows y programas). Seleccionamos la opción que nos interese y pulsamos en analizar.

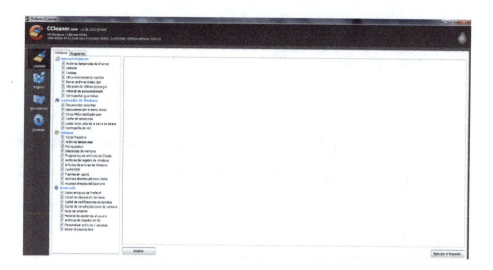

Una vez hecho el escaneo pulsaremos en: **ejecutar el limpiador** y aceptaremos en la ventana que nos muestra.

➤ **Registro:** al pulsar en registro nos mostrara otra ventana con las opciones del escaneo que hará en el registro buscando las claves inválidas que haya, una vez seleccionadas las pestañas que creamos convenientes pulsamos en buscar problemas y dejamos que haga el escaneo.

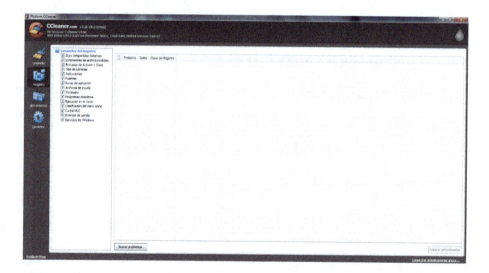

Una vez terminado el escaneo pulsamos en reparar seleccionadas, nos recomendará hacer una copia de seguridad del registro por si nuestro sistema se volviese inestable poder restaurarla. Personalmente creo recomendable hacer la copia de estar muy seguros de lo que va a borrar.

➢ **Herramientas:** al pulsar esta opción nos mostrara cuatro opciones al lado izquierdo:

✚ **Desinstalar programas:** esta opción nos muestra todos los programas y actualizaciones que tenemos instalados. Y nos da tres opciones:

    ✓ **Ejecutar desinstalador:** con esta utilidad podemos desinstalar programas de nuestro computador.

    ✓ **Renombrar entrada:** cambia el nombre de un programa sin hacer cambios en el sistema.

    ✓ **Borrar entradas:** borra un programa de la lista pero no lo desinstala.

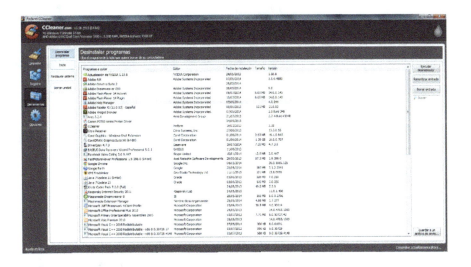

✚ **Inicio:** borra entradas en el inicio del sistema para que no se ejecuten al iniciar el computador. Y nos da tres opciones al lado derecho:

    ✓ **Activar:** con esta utilidad se activan las entradas que se suelen cargar al iniciar el sistema (previa desactivación de las mismas).

✓ **Desactivar:** con esta utilidad se desactivan las entradas que se suelen cargar al iniciar el sistema.

✓ **Borrar:** con esta utilidad se borran las entradas que se suelen cargar al iniciar el sistema.

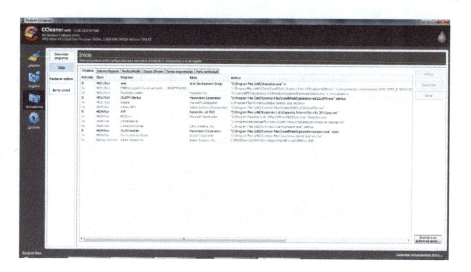

🞦 **Restaurar Sistema:** Administra todos los puntos de restauración del sistema.

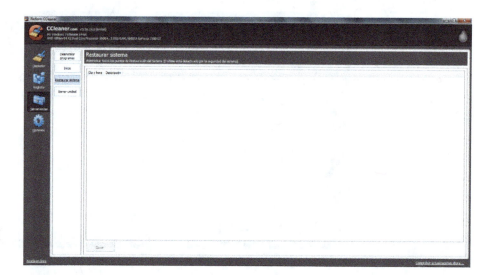

🞦 **Borrar Unidad:** Borra de manera segura el contenido o el espacio libre de un disco.

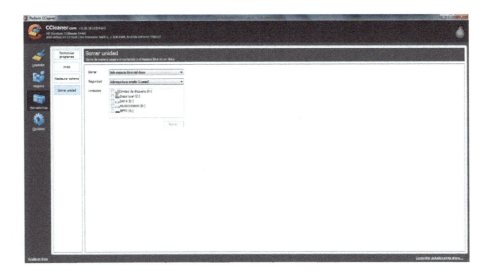

> **Opciones:** esta opción es la de configurar el programa. Y nos muestra estas cinco opciones:

- ✦ **Configuración:** Configuración del programa.

- ✦ **Cookies:** Borrar cookies o salvarlas.

- ✦ **Incluir:** Incluir carpeta para escanear.

- ✦ **Excluir:** Excluir carpeta de escanear.

- ✦ **Avanzadas:** Opciones avanzadas del programa.

- **DESFRAGMENTACIÓN**

Es el proceso mediante el cual se acomodan los archivos de un disco de tal manera que cada uno quede en un área contigua y sin espacios sin usar entre ellos. Al irse escribiendo y borrando archivos continuamente en el disco duro, estos tienden a no quedar en áreas contiguas así, un archivo puede quedar partido, en muchas partes a lo largo del disco, es cuando decimos que un archivo está fragmentado. Entendamos primeramente cómo funciona el proceso de fragmentación.

- **FRAGMENTACIÓN:**

Cuando se guardan archivos o programas en el disco duro toda la información concerniente a este archivo se escribe secuencialmente, es decir, una pieza atrás de la otra. Al guardar un segundo archivo este se escribirá a continuación del primero. Sin embargo cuando se elimina un archivo, se produce un espacio vacío en el disco.

Existen dos tipos de fragmentación:

➢ **Fragmentación interna:**

Los sistemas de archivos organizan los discos duros en bloques. Este tamaño varía según el sistema de archivos y el tamaño total de la partición. Por eso se sugiere no disponer de un gran tamaño de partición en los discos nuevos donde la capacidad es muy importante.

➢ **Fragmentación externa:**

En la memoria del sistema, se produce cuando los procesos asignados han ocupado posiciones no contiguas de memoria dejando demasiados bloques libres de pequeño tamaño, en los que no caben nuevos.

5.10.3. SEGURIDAD

- **ANTIVIRUS:**

Utiliza un antivirus actualizado para proteger tu computadora contra virus, malware y otras amenazas.

  - **Firewall:**

  Activa el firewall de Windows o un firewall de terceros para bloquear el acceso no autorizado a tu computadora.

  - **Actualizaciones de seguridad:**

  Instala las actualizaciones de seguridad de Windows y de las aplicaciones para protegerte contra las últimas amenazas.

5.10.4. PRUEBAS Y ANÁLISIS

- **Pruebas de rendimiento:**

Ejecuta pruebas de rendimiento periódicamente para verificar el estado general de tu computadora.

- **Análisis del disco duro:**

Utiliza herramientas de análisis para verificar el espacio libre en disco, los archivos más grandes y los problemas potenciales del disco duro.

5.10.5. RESPALDO DE DATOS

- **Respaldo de datos:**

Realiza copias de seguridad regulares de tus archivos importantes (guardarlos en una unidad externa) para evitar perder datos en caso de fallo del disco duro o infección por malware.

- **Crear puntos de restauración:**

  Crear a menudo puntos de restauración el el SO, para en caso sea necesario, recurrir a ello.

- **Contar con 2 particiones cómo mínimo**

  Una partición debería ser exclusivamente para el SO y demás programas, y la otra partición exclusivamente para nuestra información, esto debido a que, lo primero en dañarse es la partición dónde se encuentra el sistema operativo, siendo así el caso la probabilidad de recuperar nuestra información en dicha unidad es poco probable, en comparación de que si nuestros datos se encuentran en otra partición diferente a la que contiene el sistema operativo.

5.10.6. ACTUALIZACIÓN DE SOFTWARE

- **Sistema operativo:**

  Mantén tu sistema operativo actualizado con las últimas versiones para mejorar la seguridad y el rendimiento.

- **Controladores:**

  Actualiza los controladores de tus dispositivos (tarjeta gráfica, placa base, etc.) para asegurar su correcto funcionamiento.

- **Aplicaciones:**

  Actualiza regularmente las aplicaciones que utilizas para obtener nuevas funciones, correcciones de errores y mejoras de seguridad.

CAPÍTULO VI: FORMATEO Y PARTICIÓN DE DISCOS DUROS

Antes de empezar con los pasos para formatear una computadora es fundamental que conozcas bien lo que este implica y la necesidad de hacerlo en ciertas ocasiones.

La palabra formatear quiere decir **"dar formato a un disco"**, en otras palabras, es el proceso para eliminar los datos que tiene el disco duro del computador.

6.1. PORQUÉ DEBO FORMATEAR UNA COMPUTADORA

Existen diferentes formas de saber si nuestra computadora tiene un problema y debe ser formateada.

- Si la computadora está más lenta de lo normal.
- Si parece haber un virus que el mismo antivirus no ha podido eliminar.
- Si el sistema del dispositivo es inestable.
- Si nuestra PC tiene poco espacio de almacenamiento y no funciona borrar archivos.
- Si la computadora funciona bien, pero queremos dejar el disco limpio.

En cada una de las circunstancias anteriores, realizar un formateo a nuestra computadora es la mejor opción.

6.2. VENTAJAS DE FORMATEAR UNA COMPUTADORA

Tendrás varios beneficios al formatear tu computador:

- Se quitan todos los archivos basura de tu computadora que son difíciles de eliminar.
- Se desinstala cualquier virus que esté en la computadora.
- Elimina errores del sistema, así el computador funcionará mejor.

Es por esos motivos que lejos de temerle a un formateo, debemos verlo como un procedimiento muy ventajoso para tu equipo.

6.3. CÓMO PREPARAR LA COMPUTADORA PARA UN FORMATEO

Antes de comenzar con el proceso deberás crear un respaldo así podrás guardar todos los datos importantes que tiene tu equipo. Los pasos necesarios para realizar este proceso, varían según el software que tenga tu computadora.

Si el sistema operativo aún está en funcionamiento se hará un respaldo desde el mismo sistema operativo, caso contrario si el sistema operativo no inicia, se puede recurrir a cargar el sistema operativo liviano de *Windows XP* (Hiren's Boot) o *Windows 10* (DLC Boot), desde allí hacer el respaldo respectivo de nuestra información para luego proceder con el formateo respectivo.

6.4. PASOS PARA HACER UN RESPALDO EN WINDOWS 10

Si tu computadora tiene **Windows 10**, puedes hacer una copia de tus archivos en un disco externo o en una ubicación de red a través del Historial de archivos. Para hacerlo sigue estos pasos:

1. Elige *Inicio* y abre *Configuración*.

2. Selecciona la opción *Actualización y seguridad*.

3. Entra en *Copia de seguridad (1)* y después *Agregar unidad (2)*. Allí deberás elegir la ubicación donde se almacenará tu respaldo.

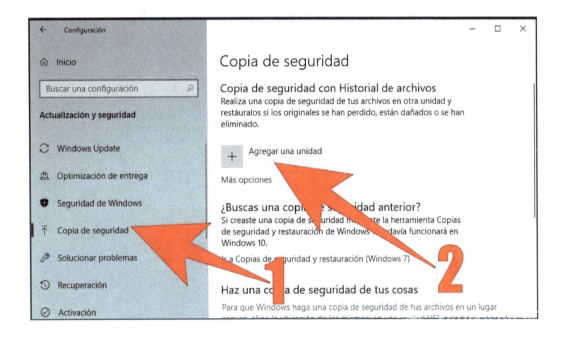

4. Se te abrirá en la parte izquierda de la ventana un pequeño menú en el que vas a ver las unidades de almacenamiento que tienes disponibles en el computador. Aquí

simplemente **copia sobre la unidad que vayas a usar**, que en la captura será la *E:* pero tú puedes usar la que quieras.

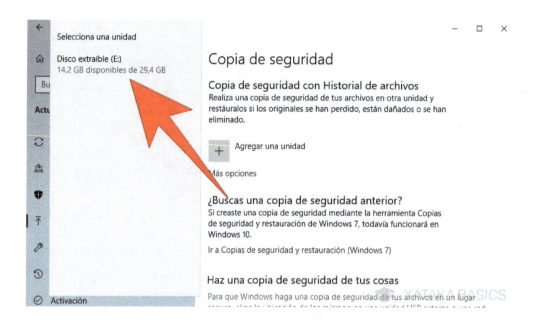

5. En este paso entra en *Más opciones*, y luego en *Hacer ahora una copia de seguridad.* El sistema te dará la opción de elegir qué datos deseas guardar.

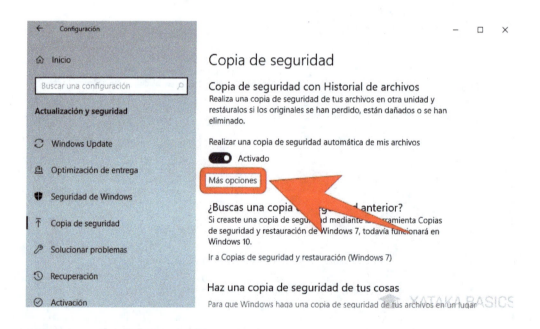

6. Entrarás en el menú de *Opciones de copia de seguridad*. El primer botón es el de comenzar a hacer la primera copia de seguridad, y debajo de él, *en Realizar una*

copia de seguridad de mis archivos puedes elegir cada cuánto tiempo se copian, pudiendo ser desde cada diez minutos a cada día. Debajo también podrás elegir durante cuánto tiempo quieres mantener las diferentes copias completas que vayas realizando.

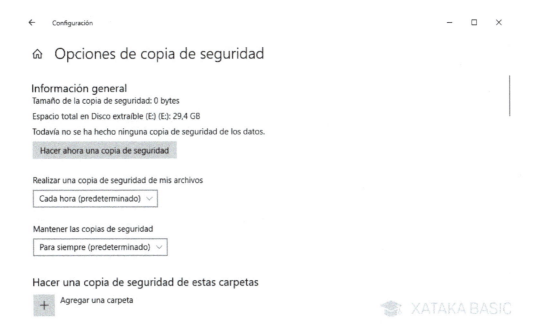

7. También tienes la opción Hacer copias de seguridad de estas carpetas, donde puedes *elegir de qué carpetas concretas quieres tener la copia de seguridad*. Por defecto Windows 10 agrega a la lista las que considera importante, pero *al hacer click sobre ellas te aparecerá la opción Quitar* para poder configurar a tu gusto las carpetas a guardar. Ten en cuenta el espacio libre de la unidad elegida cuando vayas a configurar qué carpetas incluir en la copia de seguridad.

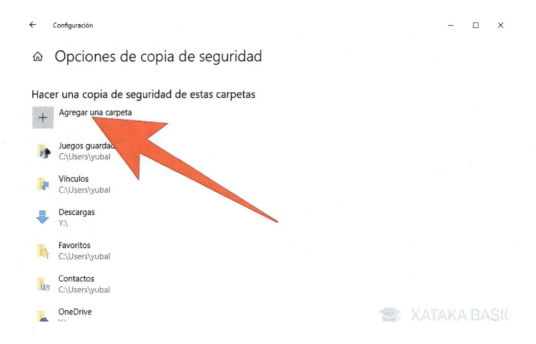

8. Y por último, debajo de la lista de aplicaciones a incluir tienes *otra opción en la que puedes excluir carpetas*. Esto te vale, por ejemplo, si dentro de una carpeta que quieres guardar hay alguna subcarpeta concreta que no quieres que se copie.

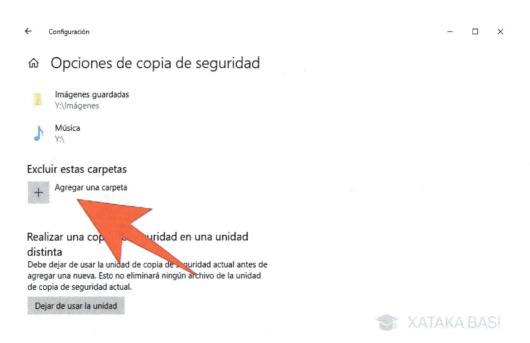

También puedes crear tu respaldo en plataformas de la nube, como **Dropbox** y **OneDrive** que vienen integradas en Windows 10.

6.5. FORMAS DE FORMATEAR UNA COMPUTADORA CON WINDOWS 10

Existen varias formas de **formatear una computadora con Windows 10**, te presentaremos tres formas efectivas.

6.5.1. FORMATEAR UNA COMPUTADORA A TRAVÉS DEL MENÚ

Formatear tu computador por medio del menú Inicio es un proceso rápido y simple que tiene Windows 10. A la herramienta **Windows Recovery** se puede acceder, para formatear el computador, siempre y cuando Windows 10 esté instalado en el mismo. Basta con seguir estos pasos:

1. Entra en el menú *Inicio*.
2. Coloca el cursor en *Reiniciar*, pulsa la tecla *Shift*, y sin soltarla presiona *Reiniciar*.
3. Se abrirá una ventana, donde deberás seleccionar la alternativa *Solucionar problemas*.

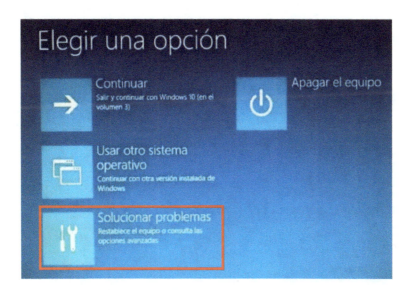

4. Entrarás en un Menú con distintas opciones para Restablecer el dispositivo, puedes hacer un formateo parcial, en ese caso debes elegir *Mantener mis archivos*.

Pero si deseas formatear totalmente tu equipo para limpiarlo por completo, elige Quitar todo.

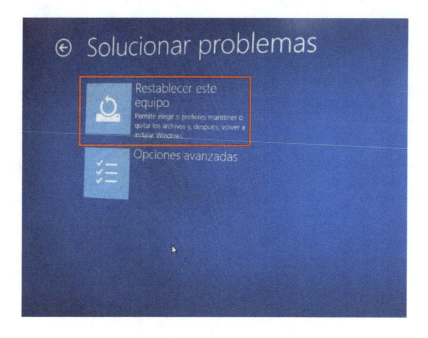

Tu computadora se formateará luego de seguir esos 4 sencillos pasos, al seleccionar *Quitar Todo*, tardará un poco más, pero te asegurarás de elegir un formateo completo.

6.5.2. FORMATEAR COMPUTADORA DESDE LA CONFIGURACIÓN

Otra manera de **formatear una computadora con Windows 10** a través del mismo sistema es esta, muy parecida a la anterior, pero los pasos tienen algunos cambios como veremos a continuación.

1. Entra en *Inicio* y selecciona *Configuración.*

2. Verás las opciones de **Configuración del sistema**, abre **Actualización y seguridad.**

3. Una vez estés dentro de la sección de *Actualización y seguridad* en la configuración de Windows, aparecerán tres alternativas, **pulsa en el apartado de** *Recuperación* (1) de la columna de la izquierda. Cuando estés allí, **pulsa en el botón** *Comenzar* **de la opción** *Restablecer este PC* (2) que te va a aparecer en primer lugar.

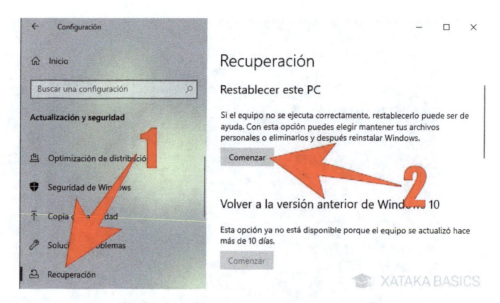

4. A continuación, llegarás a **la decisión más importante** que debes tomar en este proceso. Tendrás las alternativas *Mantener mis archivos* o *Quitar todo*, elige la que tu consideres que necesita tu equipo.

5. A continuación, debes elegir si quieres descargar la última versión de Windows de la nube para instalarla o utilizar la versión que tengas actualmente. Si no te importa que el proceso dure algo más de tiempo elige la opción de descargar de la nube, que te asegura tener la última actualización. Si usas la reinstalación local, se

buscará la copia de Windows en tu equipo, y si no está se descargará de la nube igualmente.

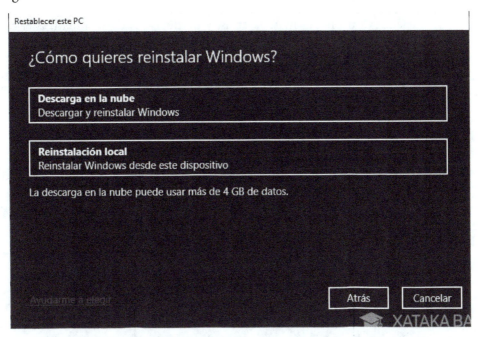

6. Ahora llegarás al paso de *Configuración adicional*, donde simplemente **se te mostrará lo que hayas elegido en los pasos anteriores** para que puedas revisarlo. Aquí, lo único que tienes que hacer es **pulsar en la opción** *Siguiente* para continuar con el proceso.

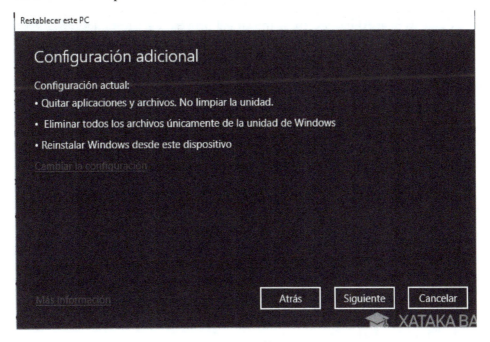

7. Y tras haber repasado tus opciones, irás a la última pantalla, que es donde debes decidir si sigues adelante con el formateo de Windows o si lo cancelas. Si sigues adelante ya no habrá marcha atrás, y perderás los datos mientras el computador queda sin poder ser usado durante unos minutos, o incluso algo más de una hora. Si estás conforme, **pulsa en el botón** *Restablecer* para iniciar el proceso de formateo de Windows.

8. Y ya está. Al hacer esto, se iniciará el proceso para restablecer Windows borrando todos tus datos, como si lo estuvieras formateando. Esto puede tardar incluso una hora, y **el computador se reiniciará automáticamente varias veces** mostrándote diferentes pantallas en los distintos puntos del proceso por los que vayas avanzando. Ahora, paciencia, aléjate del computador un rato y déjale trabajar.

9. **Cuando todo termine tendrás que empezar a configurar Windows** como si acabases de comprar el computador y lo estuvieses configurando por primera vez. Aquí, podrás ir haciendo cambios que ayuden a mantener tu privacidad, aunque lo más importante es que inicies sesión con la misma cuenta de Microsoft que tenías, la tuya, a no ser que quieras empezar a usar otra. **Solo tendrás que ir siguiendo los pasos**, que son bastante sencillos.

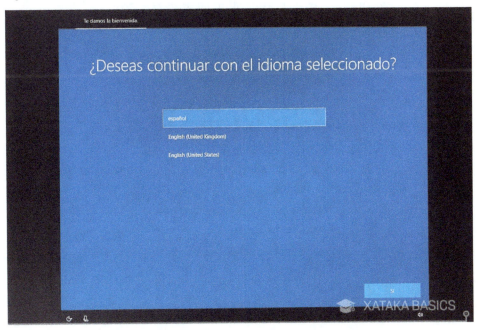

6.5.3. FORMATEAR LA COMPUTADORA DESDE UN PENDRIVER USB

Primero se tendría que preparar el PENDRIVER USB, con el sistema operativo correspondiente.

- **PREPARACIÓN DE UN USB BOOTEABLE CON EL SISTEMA OPERATIVO DESEADO.**
  - ➢ **CONTAR CON UN USB BOOTEABLE**
    - ➕ YUMI – Multiboot USB

      USB Yumi es un útil programa creado por la página web **Pendrive Linux** y nos sirve para **convertir memorias en unidades** booteables.

      USB YUMI **es un programa totalmente** portable. No requiere de instalación y en la versión de *Windows* es un archivo ejecutable independiente, por lo que **podrás llevártelo a donde quieras.**

      Respecto al uso, tendremos que seguir **una serie de pasos bastante intuitivos.** Lo primero de todo, como de costumbre, es aceptar los términos y condiciones de la aplicación *(si quieres usarla).*

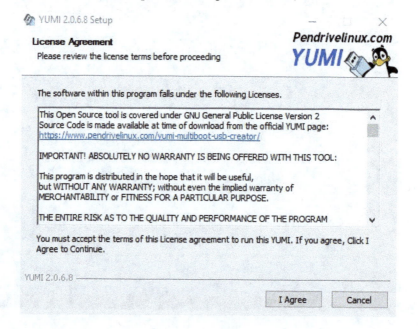

Después, los pasos son bastante importantes, aunque ayuda que **todas las opciones estén bloqueadas hasta que no finalices el paso anterior.** Tendrás que seguir los siguientes puntos:

✓ Lo primero es **seleccionar la unidad de memoria** donde se instalará el *Sistema Operativo.* Ten en cuenta que *USB YUMI* creará una partición, pero **es más aconsejable formatear el *USB.*** Para ello, guarda la información del pendrive en una memoria externa *(o en otro USB)* y **dale al botón** *'NTFS Format F' o 'Fat32 Format F'.*

✓ Después, tendrás que elegir el *Sistema Operativo* que quieres instalar *(hay muchísimas opciones).*

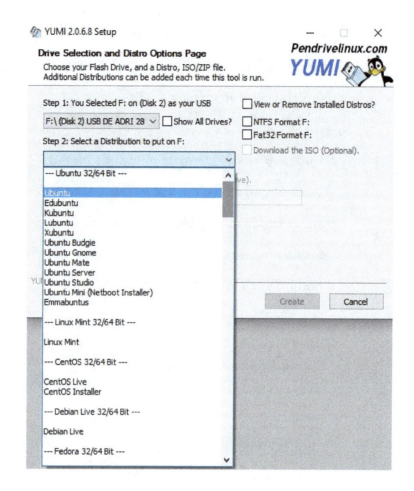

✓ Solamente si es alguna distribución de *Linux* podrás pulsar **un recuadro para descargarte la .iso.** Además, también te saldrá un botón directo **para visitar la web oficial del** *Sistema Operativo.* Por otro lado, si quieres instalar una versión de *Windows* no podrás descargarla de ninguna fuente, así que **tendrás que tener tu mismo/a una imagen** *(legal, a ser posible).*

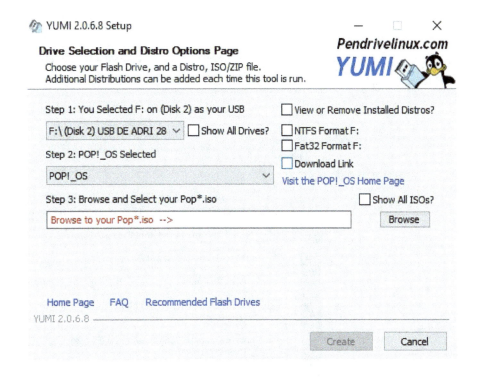

✓ Una vez descargada la .iso, tendrás que **seleccionarla en la tercera parte del instalador y** entonces ya podrás comenzar la instalación.

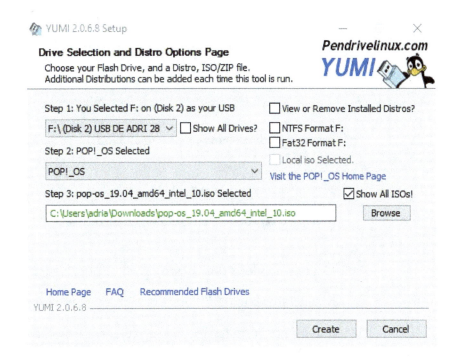

✓ Hay que destacar que existen una gran cantidad de Sistemas Operativos a instalar, por lo que **algunos de ellos tendrán opciones extra** más allá de las descritas ahora.

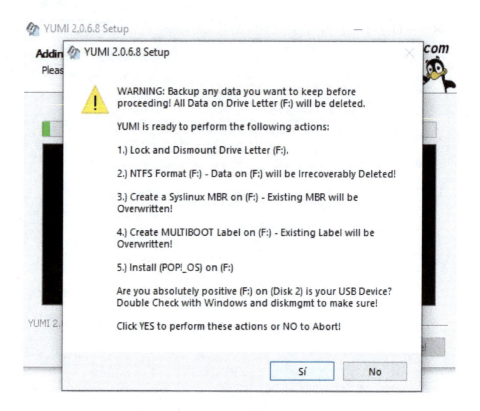

✓ **Instalación del sistema operativo en USB:**

El punto fuerte de *USB YUMI* es que nos permite instalar **más de un** *Sistema Operativo* **en una unidad de memoria.**

Como entenderás por la gran oferta de *SOs*, la idea más interesante es la de **tener una buena biblioteca de distribuciones** *Linux* y poder instalar la que más te guste según el computador. De hecho, cuando terminas la instalación de la primera *.iso*, te pregunta **si quieres añadir otra a la unidad de memoria.**

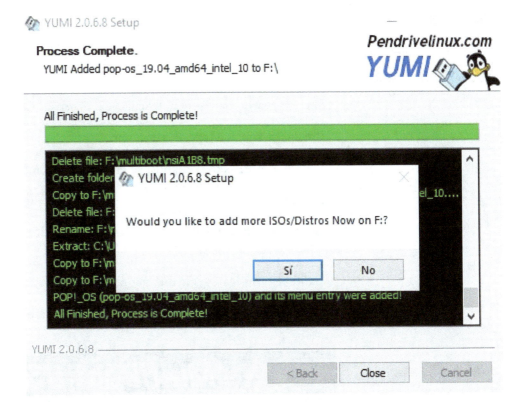

Para este caso, necesitarás en torno a 2 – 4GB **de memoria** por cada Sistema Operativo Linux, así que quizás te interesa conseguir un USB de gran tamaño.

Continuando con el tema, tras instalar la/s .iso/s deseadas, tendremos que **reiniciar el equipo y acceder a la BIOS** *(quizás la parte más compleja)*.

Cuando salga una pantalla con el modelo de la placa base *(normalmente)* tendrás que **pulsar el botón** *Suprimir/Delete*. Si lo haces a tiempo, cambiarás a la pantalla de la *BIOS*.

Allí deberás buscar **algo similar a** *'Power'* **u** *'Opciones de Arranque',* pero no podemos indicartelo con certeza, ya que **cada marca tiene un menú distinto.** Una vez allí, tendrás que buscar el orden de los dispositivos de arranque y **poner al** *USB* **el primero en la lista.**

Te recomendamos buscar el modelo de tu placa base **para navegar más agusto por este entorno.**

Para explicarlo de forma sencilla, el *Sistema Operativo (Windows, Ubuntu...)* está instalado en tu memoria principal *(un SSD o un HDD).* El sistema lo detecta y cuando se enciende **el computador inicia el** *SO* **desde ahí.** Sin embargo, lo que queremos hacer es **iniciar el computador desde el programa que hemos instalado en el pendrive.**

Cuando lo consigas, verás una pantalla como la siguiente, donde podrás instalar cualquier *Sistema Operativo* que hayas añadido con *USB YUMI.*

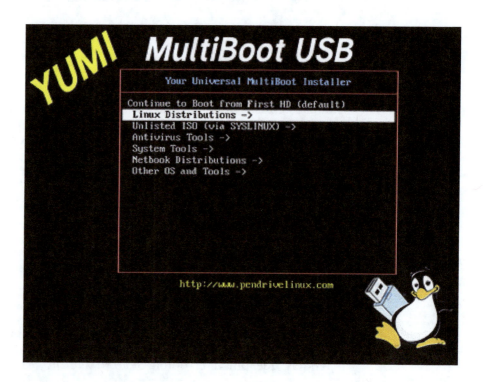

✓ **Instalación del sistema operativo Win 10 en USB desde la Web:**

Para **descargar Windows 10** hay una serie de requisitos que debemos cumplir:

- Conexión a Internet.

- Espacio de almacenamiento suficiente.

- Una unidad flash USB con 8 GB de almacenamiento o más.

Si cumplimos los requisitos, podemos descargar la **herramienta MediaCreationTool.exe** (de la Web de Microsoft) en nuestro computador y podremos tener un archivo ejecutable donde seguir los pasos sencillos para llevar a cabo el proceso. Basta con ir siguiendo las instrucciones que aparecen en tu computador con Windows hasta llegar a **"Crear medios de instalación (unidad flash USB, DVD o archivo ISO) para otro PC"** y darle a siguiente.

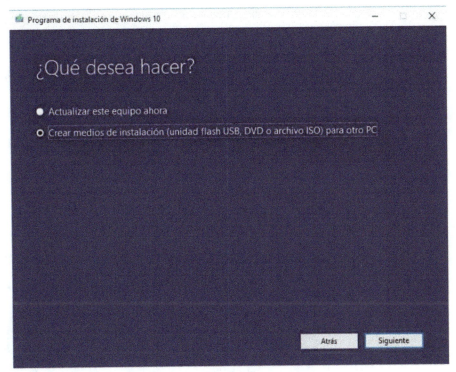

Se tendrá que elegir Idioma, Edición y Arquitectura y al final elige "Archivo ISO".

Y listo, tendremos el Windows 10 en nuestro PENDRIVER USB

Para formatear un PC a partir de un pendrive USB, evidentemente vamos a necesitar una memoria USB como medio de instalación de *Windows 10 –o de otro sistema operativo-*, pero también modificar la configuración de la BIOS. En la BIOS de nuestro computador es donde podemos seleccionar las **opciones de prioridad de arranque**; por defecto el disco duro o el SSD será la opción prioritaria, sin embargo, tenemos que **cambiar al USB**. De este modo, el medio de instalación de Windows 10 será lo primero que se ejecute, antes que el sistema operativo ya instalado, y de este modo podremos utilizar sus opciones.

```
Boot mode is set to: UEFI with Legacy OPROM; Secure boot: OFF

LEGACY BOOT:
    WDC WD10EZEX-75ZF5A0
    KingstonDT 101 G2 PMAP
    PLDS DVD+/-RW DH-16ACS  H
OTHER OPTIONS:
    BIOS Setup
    Diagnostics
    Peripheral Device Setting (OPROM Setting)
    Change Boot Mode Setting


    ↑(Up) and ↓(Down):move. [Enter]:boot [Esc]:cancel.
```

Para conseguir que el computador arranque desde el pendrive USB, y no desde el disco duro, como decíamos, hay que modificar la **configuración de la BIOS.** Esto es algo que depende de la placa base que tengamos instalada en nuestro computador, así que en el manual de instrucciones o en la web del fabricante deberíamos encontrar el detalle exacto. En cualquier caso, para 'abrir' la BIOS. lo más habitual es que tengamos que usar las teclas **F2, F11 ó F12** durante el arranque, manteniendo pulsada una de ellas, o la tecla Del.

Al iniciar el computador desde el **pendrive USB**, directamente nos encontraremos con la pantalla anterior. En ella se nos pregunta en qué idioma queremos llevar a cabo la instalación, el formato de fecha y moneda y también el teclado o método de entrada. Solo tendremos que darle a siguiente y, a continuación, a **'Instalar ahora'**. Hecho esto nos preguntará, si corresponde, qué versión del sistema operativo queremos instalar y, a continuación, nos dará la opción de hacer una instalación limpia o de mantener nuestros archivos personales, en caso de que ya existiera una instalación anterior de Windows 10 en el mismo computador.

El punto clave está en el siguiente paso, que es en el que se mostrarán **todas las unidades de almacenamiento** detectadas por el computador y sus diferentes particiones, en el caso de que existan. Aquí es donde, en la parte inferior, vamos a encontrar la opción **Formatear**. Si queremos tener un disco duro completamente limpio, y existieran particiones en el mismo, lo primero que deberíamos hacer es ir seleccionando cada una de estas particiones y, a continuación, pulsando sobre **Eliminar**. Una vez que se hayan eliminado todas las particiones, únicamente nos quedaría una unidad de almacenamiento y partición –*como misma opción*-, y tendríamos que seleccionarla para pulsar después sobre **'Formatear'**. Al pulsar sobre siguiente, y continuar con el proceso guiado, es cuando se llevará a cabo el formateo.

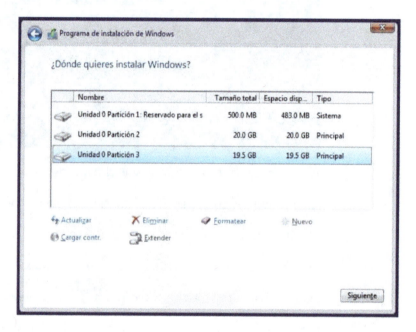

CAPÍTULO VII INSTALACIÓN, CONFIGURACIÓN Y USO DE MÁQUINAS VIRTUALES EMPLEANDO EL PROGRAMA VIRTUALVOX.

7.1. ¿QUÉ ES UNA MÁQUINA VIRTUAL?

Una máquina virtual es un contenedor de software perfectamente aislado que puede ejecutar sus propios sistemas operativos y aplicaciones como si fuera un computador físico. Una máquina virtual se comporta exactamente igual que lo hace un computador físico y contiene sus propios CPU, RAM, disco duro y tarjetas de interfaz de red (NIC) virtuales (es decir, basados en software). El sistema operativo no puede establecer una diferencia entre una máquina virtual y una máquina física, ni tampoco lo pueden hacer las aplicaciones u otros computadores de una red. Incluso la propia máquina virtual considera que es un computador "real". Sin embargo, una máquina virtual se compone exclusivamente de software y no contiene ninguna clase de componente de hardware. El resultado es que las máquinas virtuales ofrecen una serie de ventajas con respecto al hardware físico.

7.2. VENTAJAS Y DESVENTAJAS

- Ventajas

    Con las máquinas virtuales, podemos tener varios sistemas operativos sin necesidad de crear particiones o tener más discos duros, esto nos permitirá poder tener sistemas operativos para pruebas. Por ejemplo, que sale una versión beta y no queremos instalarla en nuestro sistema operativo de trabajo, ya que las betas son eso, "pruebas" y puede que dejen el sistema operativo inestable, algo que no se quiere con el equipo de trabajo. De esta forma siempre se tendrá la oportunidad de probar esos programas beta sin que afecten a las cosas que se tienen instaladas ni que obliguen a formatear y volver a instalar de nuevo todo lo que se tiene.

- **Desventajas**

  Una de las razones por la que las máquinas virtuales no son la panacea de la computación, es que agregan gran complejidad al sistema en tiempo de ejecución. La principal desventaja de la máquina virtual, es que en la aplicación de algunos procesos tendrá como efecto la lentitud del computador, es decir, la computadora en la cual se está ejecutando este proceso debe tener una capacidad bastante notable "debe ser de gran capacidad o potente".

7.3. TIPOS DE MÁQUINAS VIRTUALES

Las máquinas virtuales se pueden clasificar en dos grandes categorías según su funcionalidad y su grado de equivalencia a una verdadera máquina.

Máquinas virtuales de sistema (en inglés System Virtual Machine)

Las máquinas virtuales de alivio sistema, también llamadas máquinas virtuales de hardware, permiten a la máquina física subyacente multiplicarse entre varias máquinas virtuales, cada una ejecutando su propio sistema operativo. A la capa de software que permite la virtualización se la llama monitor de máquina virtual o "hypervisor". Un monitor de máquina virtual puede ejecutarse o bien directamente sobre el hardware o bien sobre un sistema operativo ("host operating system").

➤ Ejemplos: Java, .NET Framework.

➤ Máquina virtual instanciada para un proceso.

➤ Cuando termina el proceso, termina la instancia de máquina virtual.

Máquinas virtuales de proceso **(en inglés Process Virtual Machine)**

Una máquina virtual de proceso, a veces llamada "máquina virtual de aplicación", se ejecuta como un proceso normal dentro de un SO y soporta un solo proceso. La máquina se inicia automáticamente cuando se lanza el proceso que se desea ejecutar y se detiene para cuando este finaliza. Su objetivo es el de proporcionar un entorno de ejecución independiente de la plataforma de hardware y del SO, que oculte los detalles de la plataforma subyacente y permita que un programa se ejecute siempre de la misma forma sobre cualquier plataforma.

➤ Virtualización ISA (Instruction Set Architecture).

➤ Ofrecen un entorno de ejecución completo.

7.4. TÉCNICAS

- **Emulación del hardware subyacente (ejecución nativa).**

Esta técnica se suele llamar virtualización completa (full virtualization) del hardware, y se puede implementar usando un hypervisor de Tipo 1 o de Tipo 2:

➤ el tipo 1 se ejecuta directamente sobre el hardware.

➤ el tipo 2 se ejecuta sobre otro sistema operativo.

Cada máquina virtual puede ejecutar cualquier sistema operativo soportado por el hardware subyacente. Así los usuarios pueden ejecutar dos o más sistemas operativos distintos simultáneamente en computadoras "privadas" virtuales.

El sistema pionero que utilizó este concepto fue la CP-40, la primera versión (1967) de la CP/CMS de IBM (1967-1972) y el precursor de la familia VM de IBM (de 1972 en adelante). Con la arquitectura VM, la mayor parte de usuarios controlan un sistema operativo monousuario relativamente simple llamado CMS que se ejecuta en la máquina virtual VM.

Actualmente tanto Intel como AMD han introducido prestaciones a sus procesadores x86 para permitir la virtualización de hardware.

- **Emulación de un sistema no nativo.**

  Las máquinas virtuales también pueden actuar como emuladores de hardware, permitiendo que aplicaciones y sistemas operativos concebidos para otras arquitecturas de procesador se puedan ejecutar sobre un hardware que en teoría no soportan.

  Algunas máquinas virtuales emulan hardware que solo existe como una especificación. Por ejemplo:

  La máquina virtual P-Code que permitía a los programadores de Pascal crear aplicaciones que se ejecutasen sobre cualquier computadora con esta máquina virtual correctamente instalada.

  La máquina virtual de Java. La máquina virtual del entorno .NET. Open Firmware

  Esta técnica permite que cualquier computadora pueda ejecutar software escrito para la máquina virtual. Solo la máquina virtual en sí misma debe ser portada a cada una de las plataformas de hardware.

- **Virtualización a nivel de sistema operativo**

  Esta técnica consiste en dividir una computadora en varios compartimentos independientes de manera que en cada compartimento podamos instalar un servidor. A estos compartimentos se los llama "entornos virtuales". Desde el punto de vista del usuario, el sistema en su conjunto actúa como si realmente existiesen varios servidores ejecutándose en varias máquinas distintas. Dos ejemplos son las zonas de Solaris (Solaris Zones) y la técnica de Micro Partioning de AIX.

7.5. INSTALACIÓN DEL PROGRAMA VIRTUALVOX.

El primer paso será arrancar el programa de instalación, para ello hacer doble click en el fichero **VirtualBox 4.3.12 Win.exe,** bien desde el escritorio o donde lo hayáis dejado.

Transcurridos unos segundos nos aparecerá esta ventana del asistente de instalación. Como podemos ver el asistente de instalación aparece en ingles pero el programa **VirtualBox 4.3.12 Win.exe** está en español.

Pulsamos el botón ____Next >____ para continuar.

En la siguiente ventana del asistente nos aparece en forma de árbol la información de las características de **Oracle VirtualBox 4.3.12** que se van a instalar.

Pulsando en el botón ____Browse____ podemos cambiar el directorio destino donde se instalará el software.

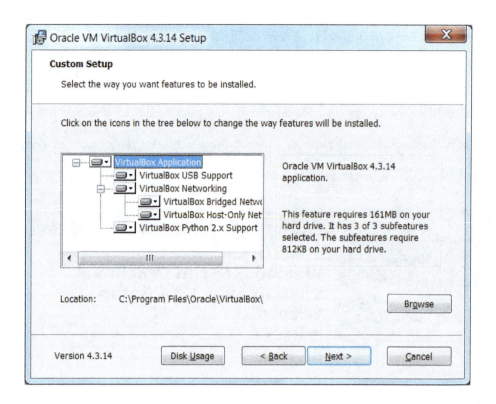

Pulsamos el botón <u>Cancel</u> o el botón <u>OK</u> para volver a la ventana **Custom Setup**.

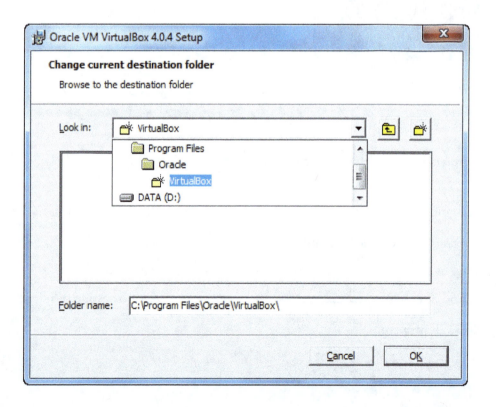

Si pulsamos el botón [Disk Usage] obtenemos una ventana donde nos informa del estado de los discos de nuestra máquina, tamaño de cada disco, espacio disponible y espacio requerido para la instalación de VirtualBox. Para volver a la ventana **Custom Setup** pulsamos el botón [OK].

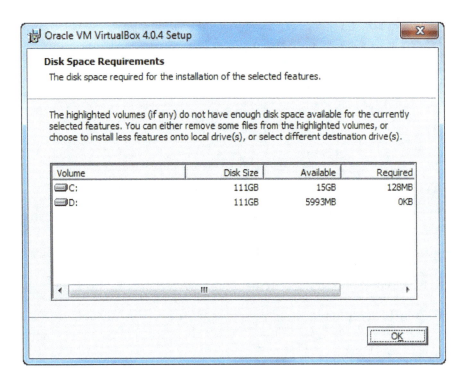

Las opciones que aparecen en la ventana siguiente del asistente vienen marcadas por defecto, la primera nos crea un acceso directo en el escritorio del ejecutable de **Oracle VirtualBox 4.3.12**, la segunda, crea un acceso directo en la barra de inicio rápido, podemos desmarcar si no queremos que cree los accesos directos.

Pulsamos el botón [Next >] para continuar.

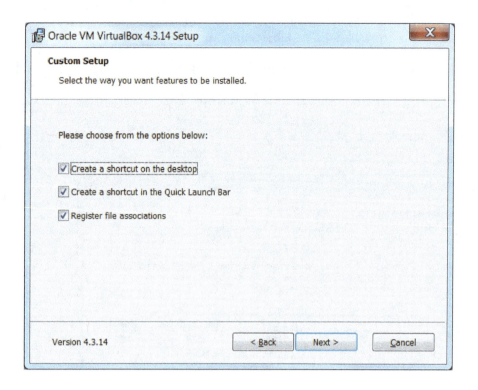

En este punto el asistente de instalación de Oracle VirtualBox realiza la instalación de la características de red, esta operación deshabilitará temporalmente los servicios de red, por lo que si tenéis algo usando la red cerrarlo antes de continuar, pulsamos el botón Yes para continuar.

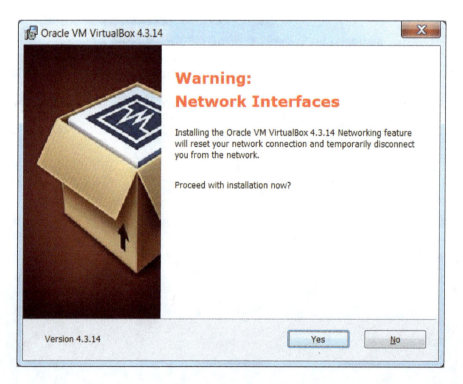

El asistente nos va dando información del avance de la instalación, esperamos hasta que la instalación finalice.

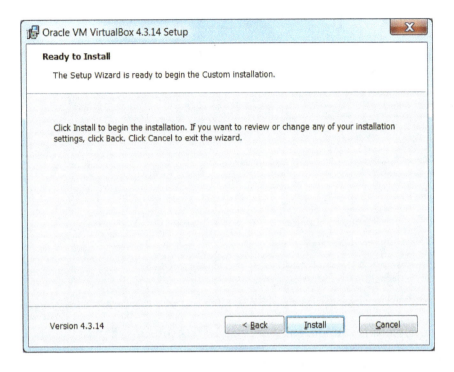

El asistente está preparado para iniciar la instalación, pulsamos el botón 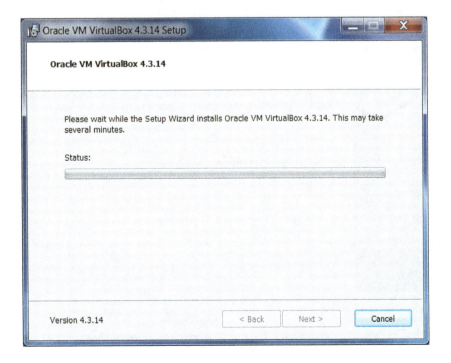 y la instalación se iniciará.

Antes de llevarse a cabo la instalación nos aparece una ventana de Seguridad de Windows, se nos muestra un mensaje para confirmar la instalación. Se activa la casilla **"Siempre confirmar en el software Oracle Corporation"**, y luego en el botón Instalar instalar.

Bien, la instalación ha finalizado, en la ventana del asistente nos aparece la opción '**Start Oracle VM VirtualBox 4.3.12 after installation**''Seleccionada, esto hará que cuando pulsemos el botón Finish abrirá automáticamente la aplicación.

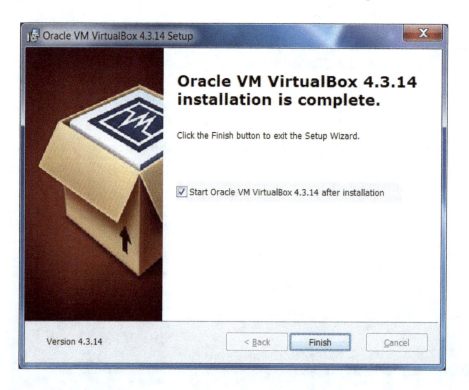

Ya estamos en la ventana principal de **VM VirtualBox 4.**

7.6. CREACIÓN DE LA MÁQUINA VIRTUAL

El proceso es el mismo sea cual sea el sistema desde el cual estés creando tu máquina virtual.

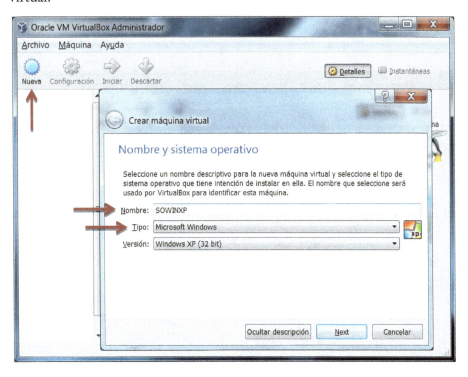

Crea una máquina presionando el botón **Nueva**, y luego elige un **nombre** para tu máquina, el **tipo de sistema operativo** y la **versión** del mismo. En mi caso voy a instalar el sistema operativo Windows XP, luego presionamos el botón. Next .

Asignar la cantidad de memoria RAM: aunque el sistema siempre sugiere que **192** MB bastan, es recomendado usar al menos 1GB, y si tienes más disponible, sé generoso. Yo solo usaré para el ejemplo 1GB, luego presionamos el botón Next .

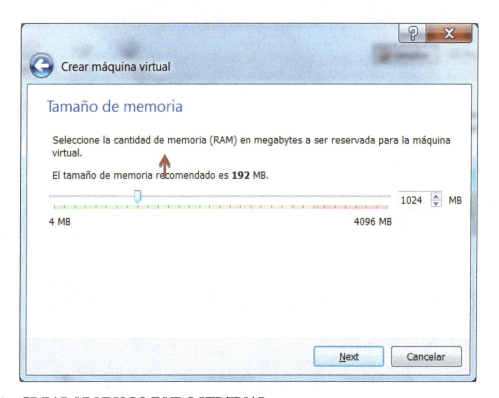

7.7. CREAR UN DISCO DURO VIRTUAL:

Cómo toda computadora, nuestra máquina virtual va a necesitar un disco duro, este aunque será virtual obtendrá su espacio directamente de nuestro disco duro físico.

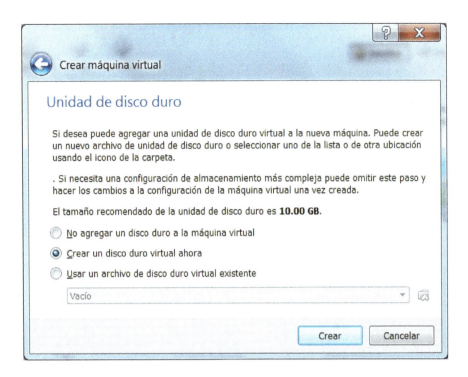

Elegir el tipo de disco duro virtual: estos pueden ser de varios tipos, para este caso elegiremos VDI (Imagen de disco de VirtualBox).

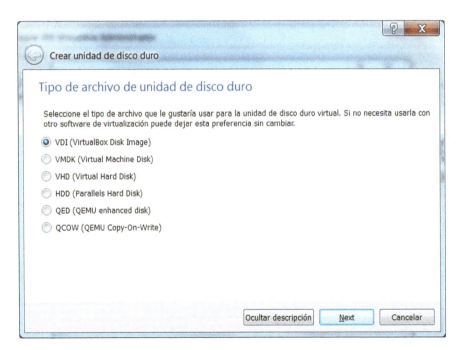

Asignar el tamaño al disco: aquí tenemos dos opciones, reservado dinámicamente o tamaño fijo. El dinámico, solo utiliza espacio a medida que se llena hasta un tamaño máximo fijo asignado por el programa. En cambio, en el fijo, tú asignas la cantidad de espacio disponible desde el principio y este se reserva completamente. Es preferible, porque la mayoría de los sistemas funcionan más rápido así.

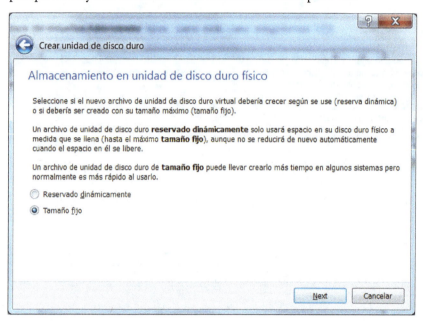

Elegir la ubicación y tamaño del disco duro virtual: seleccionamos una ruta dentro de nuestro sistema para guardar el archivo .VDI. Yo lo puse en Mis Documentos y le asigne 12GB. Presionamos Crear y ya tenemos nuestra máquina virtual lista.

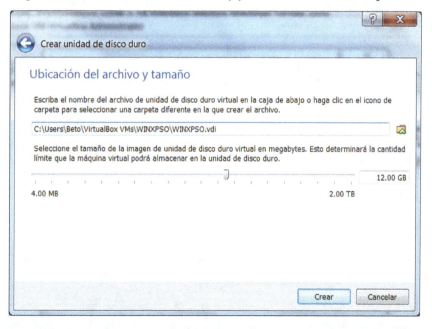

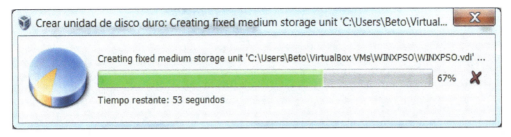

Ahora, tenemos una máquina virtual, pero esta no tiene sistema operativo. Aunque todas las configuraciones básicas se aplican automáticamente, probablemente sea necesario que **asignemos un dispositivo de arranque**, para poder instalar nuestro sistema operativo. Lo único que necesitamos es el archivo .ISO del sistema guardado en nuestro computador, o en algún medio extraíble. Si ya tienen un CD o DVD con el sistema que desean instalar, la máquina lo detecta automáticamente y *bootea* desde él.

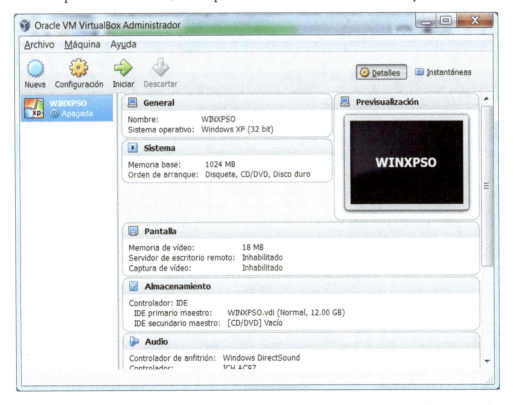

Solo nos quedaría instalar el sistema operativo de la manera usual y ya podremos comenzar a usar nuestra máquina virtual.

CAPÍTULO VIII REDES DE COMPUTADORAS CABLEADO ESTRUCTURADO

8.1. ¿QUÉ ES UNA RED DE COMPUTADORAS?

Es la interconexión de distinto número de sistemas informáticos a través de una serie de dispositivos de telecomunicaciones y un medio físico (alámbrico o inalámbrico). Su función es compartir información en paquetes de datos.

Las redes de computadoras no son distintas, en su lógica de intercambio, de otros procesos comunicativos: poseen un emisor, un receptor y un mensaje, un medio a través del cual transmitir el mensaje y una serie de códigos o protocolos para garantizar su correcta comprensión. Solo que, en este caso, quienes envían y reciben mensajes son computadoras.

8.2. TIPOS DE REDES DE COMPUTADORAS

Las posibles clasificaciones de las redes pueden ser muchas, atendiendo cada una de ellas a diferentes propiedades, siendo las más comunes y aceptadas las siguientes:

- **SEGÚN TU TAMAÑO Y EXTENSIÓN:**

  - **Red PAN:** Su nombre viene de *Personal Area Network* (en inglés: "Red de Área Personal"), es básicamente una red integrada por todos los dispositivos en el entorno local y cercano de su usuario, es decir que la componen todos los aparatos que están cerca del mismo. En la actualidad son varias las tecnologías que permiten la creación de una red de área personal, entre ellas Bluetooth y los sistemas que utilizan la transmisión de infrarrojos para comunicarse.

➤ **Redes LAN:** Su nombre proviene de *Local Area Network* (en inglés: "Red de Área Local"), pues son las redes de menor tamaño y extensión, como las que pueden existir entre los computadores de un mismo locutorio o cyber café.

➤ **Redes MAN:** Su nombre viene de *Metropolitan Area Network* (en inglés: "Red de Área Metropolitana") y designa redes de tamaño intermedio, como las empleadas en grandes bibliotecas o grandes empresas, conectando áreas distintas y alejadas geográficamente entre sí.

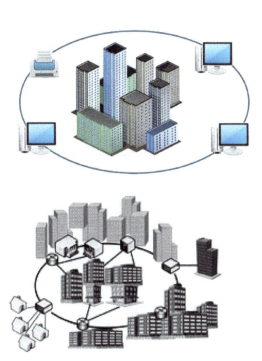

> **Redes WAN:** Llamada así por las siglas de *Wide Area Network* (en inglés: "Red de Área Amplia"), se trata de redes de gran envergadura y extenso alcance, como puede ser la red global de redes, Internet.

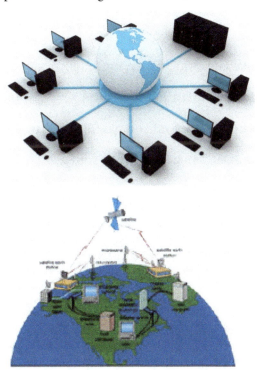

> **Redes internet:** Una internet es una red de redes, vinculadas mediante ruteadores gateways. Un gateway o pasarela es un computador especial que puede traducir

información entre sistemas con formato de datos diferentes. Su tamaño puede ser desde 10000 kilómetros en adelante, y su ejemplo más claro es Internet, la red de redes mundial.

> **Redes inalámbricas:** Las redes inalámbricas son redes cuyos medios físicos no son cables de cobre de ningún tipo, lo que las diferencia de las redes anteriores. Están basadas en la transmisión de datos mediante ondas de radio, microondas, satélites o infrarrojos.

- SEGÚN LA TECNOLOGÍA DE TRANSMISIÓN:

> **Redes de Broadcast:** Aquellas redes en las que la transmisión de datos se realiza por un sólo canal de comunicación, compartido entonces por todas las máquinas de la red. Cualquier paquete de datos enviado por cualquier máquina es recibido por todas las de la red.

> **Redes Point-To-Point:** Aquellas en las que existen muchas conexiones entre parejas individuales de máquinas. Para poder transmitir los paquetes desde una máquina a otra a veces es necesario que éstos pasen por máquinas intermedias, siendo obligado en tales casos un trazado de rutas mediante dispositivos routers.

- SEGÚN EL TIPO DE TRANSFERENCIA DE DATOS QUE SOPORTAN:

> **Redes de transmisión simple:** Son aquellas redes en las que los datos sólo pueden viajar en un sentido.

> **Redes Half-Duplex:** Aquellas en las que los datos pueden viajar en ambos sentidos, pero sólo en uno de ellos en un momento dado. Es decir, sólo puede haber transferencia en un sentido a la vez.

➤ **Redes Full-Duplex:** Aquellas en las que los datos pueden viajar en ambos sentidos a la vez.

- ## ELEMENTOS BÁSICOS DE UNA RED DE COMPUTADORAS

➤ **Servidor.** Las computadoras de una red no poseen la misma jerarquía, ni desempeñan las mismas funciones, se puede decir que un servidor es la computadora central. Por ejemplo, los servidores son los encargados de procesar el flujo de datos de la red, atendiendo a todas las demás computadoras conectadas (es decir, "sirviéndolos") y centralizando el control de la red en sí misma.

➤ **Clientes o estaciones de trabajo.** Estas son las computadoras que no sirven a las demás, sino que forman parte de la red y brindan acceso a la misma, solicitando los recursos administrados por el servidor. Las estaciones de trabajos pueden ser computadoras personales, se encargan de sus propias tareas de procesamiento, así que cuanto mayor y más rápido sea el equipo, mejor.

➤ **Medios de transmisión.** Se refiere al cableado, a las ondas electromagnéticas, o al medio físico que permita la transmisión de la información de la red, sea cual sea.

➤ **Elementos de hardware.** Todas las piezas tecnológicas que habilitan el establecimiento físico de una red, o sea, que la permiten. Hablamos de tarjetas de red, módems y enrutadores, o antenas repetidoras que extienden la conexión inalámbricamente.

➤ **Elementos de software.** Similarmente, se requiere de programas para administrar y poner en funcionamiento el hardware de comunicaciones de cada estación de trabajo, lo que incluye el Sistema Operativo de Redes (NOS, del inglés *Network Operating System*), que además de sostener la operatividad de la red, le brinda servicios de antivirus y firewall; así como los protocolos comunicativos (TCP/IP) que permiten a las máquinas compartir el idioma.

8.3. TOPOLOGÍA DE RED

Las principales modelos de topología son:

> **Topología de bus**

La topología de bus tiene todos sus nodos conectados directamente a un enlace y no tiene ninguna otra conexión entre nodos. Físicamente cada host está conectado a un cable común, por lo que se pueden comunicar directamente, aunque la ruptura del cable hace que los hosts queden desconectados.

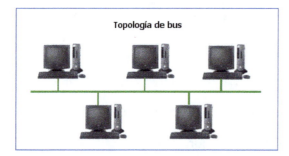

La topología de bus permite que todos los dispositivos de la red puedan ver todas las señales de todos los demás dispositivos, lo que puede ser ventajoso si desea que todos los dispositivos obtengan esta información. Sin embargo, puede representar una desventaja, ya que es común que se produzcan problemas de tráfico y colisiones, que se pueden paliar segmentando la red en varias partes.

> **Topología de anillo**

Una topología de anillo se compone de un solo anillo cerrado formado por nodos y enlaces, en el que cada nodo está conectado solamente con los dos nodos adyacentes.

Topología en anillo

Los dispositivos se conectan directamente entre sí por medio de cables en lo que se denomina una cadena margarita. Para que la información pueda circular, cada estación debe transferir la información a la estación adyacente.

➢ Topología de anillo doble

Una topología en anillo doble consta de dos anillos concéntricos, donde cada host de la red está conectado a ambos anillos, aunque los dos anillos no están conectados directamente entre sí. Es análoga a la topología de anillo, con la diferencia de que, para incrementar la confiabilidad y flexibilidad de la red, hay un segundo anillo redundante que conecta los mismos dispositivos.

La topología de anillo doble actúa como si fueran dos anillos independientes, de los cuales se usa solamente uno por vez.

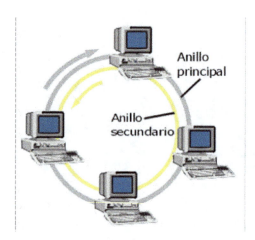

> ## Topología en estrella

La topología en estrella tiene un nodo central desde el que se irradian todos los enlaces hacia los demás nodos. Por el nodo central, generalmente ocupado por un hub, pasa toda la información que circula por la red.

La ventaja principal es que permite que todos los nodos se comuniquen entre sí de manera conveniente. La desventaja principal es que si el nodo central falla, toda la red se desconecta.

> ## Topología en árbol

La topología en árbol es similar a la topología en estrella, salvo en que no tiene un nodo central. Existe unos nodos de enlaces troncal, generalmente ocupado por un hub o switch, desde el que se ramifican los demás nodos.

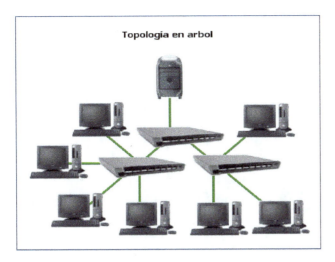

> Topología en malla completa

En una topología de malla completa, cada nodo se enlaza directamente con los demás nodos. Las ventajas son que, como cada todo se conecta físicamente a los demás, creando una conexión redundante, si algún enlace deja de funcionar la información puede circular a través de cualquier cantidad de enlaces hasta llegar a destino. Además, esta topología permite que la información circule por varias rutas a través de la red.

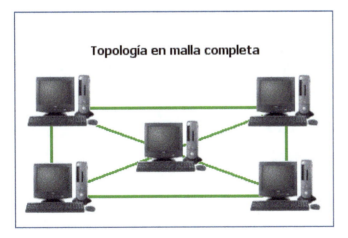

La desventaja física principal es que sólo funciona con una pequeña cantidad de nodos, ya que de lo contrario la cantidad de medios necesarios para los enlaces, y la cantidad de conexiones con los enlaces se torna abrumadora.

> Topología de red celular

La topología celular está compuesta por áreas circulares o hexagonales, cada una de las cuales tiene un nodo individual en el centro.

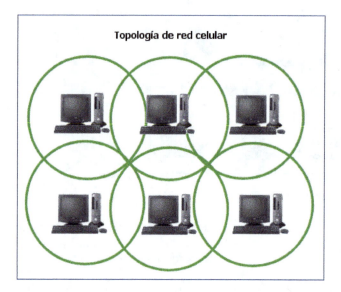

La topología celular es un área geográfica dividida en regiones (celdas) para los fines de la tecnología inalámbrica. En esta tecnología no existen enlaces físicos; sólo hay ondas electromagnéticas.

La ventaja obvia de una topología celular (inalámbrica) es que no existe ningún medio tangible aparte de la atmósfera terrestre o el del vacío del espacio exterior (y los satélites). Las desventajas son que las señales se encuentran presentes en cualquier lugar de la celda y, de ese modo, pueden sufrir disturbios y violaciones de seguridad.

Como norma, las topologías basadas en celdas se integran con otras topologías, ya sea que usen la atmósfera o los satélites. Un ejemplo son las redes de telefonía móvil.

➢ **Topología irregular**

En este tipo de topología no existe un patrón obvio de enlaces y nodos. El cableado no sigue un modelo determinado; de los nodos salen cantidades variables de cables.

Las redes que se encuentran en las primeras etapas de construcción, o se encuentran mal planificadas, a menudo se conectan de esta manera.

8.4. ¿QUÉ SE NECESITA PARA MONTAR UNA RED DE COMPUTADORAS?

Siempre que sepa un poco sobre redes de computadores y cómo funcionan los sistemas informáticos, solo basta conectar los dispositivos de red y configurarlos para que se comuniquen entre sí, y listo!

- **EL CABLEADO DE LA RED**

El cable es el medio a través del cual fluye la información a través de la red. Hay distintos tipos de cable de uso común en redes LAN. Una red puede utilizar uno o más tipos de cable, aunque el tipo de cable utilizado siempre estará sujeto a la topología de la red, el tipo de red que utiliza y el tamaño de esta.

Estos son los tipos de cable más utilizados en redes LAN:

> **Cable de par trenzado sin apantallar / Unshielded Twisted Pair (UTP)**

Este tipo de cable es el más utilizado. Tiene una variante con apantallamiento pero la variante sin apantallamiento suele ser la mejor opción para una PYME.

La calidad del cable y consecuentemente la cantidad de datos que es capaz de transmitir varían en función de la categoría del cable. Las gradaciones van desde el cable de teléfono, que solo transmite la voz humana a el cable de categoría 5 capaz de transferir **100 Megabits por segundo.**

✛ **Categorías UTP**

TIPO	USO
Categoría 1	Voz (Cable teléfono)
Categoría 2	Datoas a 4 Mbps (Local Talk)
Categoría 3	Datoas a 10 Mbps (Ethernet)
Categoría 4	Datoas a 20 Mbps/16 Mbps (Token Ring)
Categoría 5	Datoas a 100 Mbps (Fast Ethernet)
Categoría5e	Datoas a 1000 Mbps (Gigabits Ethernet)
Categoría 6	Datoas a 1000 Mbps (Gigabits Ethernet 55m)
Categoría6a	Datos de 10Gbps (Gigabits Ethernet 100m)
Categoría 7	Datos de 10Gbps (40/100 Gigabits Ethernet)
Categoría7a	Datos de 10Gbps
Categoría8	Datos de 40Gbps

La diferencia entre las distintas categorías es la tirantez. A mayor tirantez mayor capacidad de transmisión de datos. Se recomienda el uso de cables de Categoría 3 o 5 para la implementación de redes en PYMES (pequeñas y medianas empresas). Es conveniente sin embargo utilizar cables de categoría 5 ya que estos permitirán migraciones de tecnologías 10Mb a tecnología 100 Mb.

✛ **Conector UTP**

El estándar para conectores de cable UTP es el RJ-45. Se trata de un conector de plástico similar al conector del cable telefónico. Las siglas RJ se refieren al estándar *Registerd Jack*, creado por la industria telefónica. Este estándar define la colocación de los cables en su pin correspondiente.

RJ-45 blindado   RJ-45 sin blindaje

➤ Cable de par trenzado apantallado / Foiled Twisted Pair (FTP)

En este caso tenemos un cable cuyos pares trenzados están separados entre ellos por un sistema básico basado en plástico o material no conductor. En este caso el apantallamiento no es individual, sino global que envuelve a todo el grupo de pares trenzados, y está construido de aluminio.

No cuenta con tan buenas prestaciones como los cables STP, pero si mejoran a los UTP en cuanto a distancia y aislamiento. Son muy utilizados y utilizan el conector RJ45, Y su impedancia característica es de 120 Ω.

➤ Cable de par trenzado blindado individual / Shielded Twisted Pair (STP)

En este caso ya sí que tenemos cada uno de los pares trenzados rodeados de una cubierta de protección normalmente hecha de aluminio.

Estos cables se utilizan en redes que requieren más altas prestaciones como los nuevos estándares Ethernet, en donde se necesita un alto ancho de banda, latencias muy bajas y bajísimas tasas de error de bit. Son cables más caros que los anteriores y permiten trazar mayores distancias sin necesidad de repetidor. Su impedancia característica es de 150 Ω. Estos sables de generalmente se utilizando con conectores RJ49.

> **Cable Coaxial**

El cable coaxial contiene un conductor de cobre en su interior. Este va envuelto en un aislante para separarlo de un apantallado metálico con forma de rejilla que aisla el cable de posibles interferencias externas.

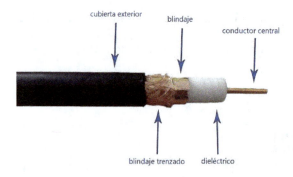

Aunque la instalación del cable coaxial es más complicada que la del UTP, este tiene un alto grado de resistencia a las interferencias. Por otra parte también es posible conectar distancias mayores que con los cables de par trenzado. Existen dos tipos de cable coaxial, el fino y el grueso conocidos como thin coaxial y thick coaxial.

Con frecuencia se pueden escuchar referencias al cable coaxial fino como thinnet o 10Base2. Esto hace referencia a una red de tipo Ethernet con un cableado coaxial fino, donde el 2 significa que el mayor segmento posible es de 200 metros, siendo en la práctica reducido a 185 m. El cable coaxial es muy popular en las redes con topología de BUS.

Con frecuencia se pueden escuchar referencias al cable coaxial grueso como thicknet o 10Base5. Esto hace referencia a una red de tipo Ethernet con un cableado coaxial grueso, donde el 5 signfica que el mayor segmento posible es de 500 metros. El cable coaxial es muy popular en las redes con topología de BUS.

El cable coaxial grueso tiene una capa plástica adicional que protege de la humedad al conductor de cobre. Esto hace de este tipo de cable una gran opción para redes de BUS extensas, aunque hay que tener en cuenta que este cable es difícil de doblar.

Aunque existen una gran variedad de cables coaxiales podemos destacar los siguientes tipos como los más usados en la actualidad.

- Tipos de cable coaxial
  - ✓ **RG59.** Cable coaxial de 75Ω destinado a la emisión y recepción de radiofrecuencias. Su ancho de banda no permite la transmisión de video en alta definición.

  - ✓ **RG6.** Se emplea para la emisión de señales de alta definición. Puede llegar alcanzar distancias de hasta 600 mts.

✓ **RG11.** Cable coaxial de 75Ω destinado a la emisión y recepción de radiofrecuencias. Su excelente composición permite ser instalado en largas distancias, pudiendo alcanzar hasta los 1100 mts.

⚜ Conector para cable coaxial

✓ **Conector N:** Son conectores roscados para cable coaxial, tienen una impedancia de 50 Ω y funcionan dentro de especificaciones frecuencia de 0 GHz a 11 GHz. Los hay machos y hembras.

Conector N macho   Conector N hembra

✓ **Conector SMA:** (SubMiniature version A) a un tipo de conector roscado para cable coaxial utilizado en microondas, tiene una impedancia de 50 Ω, útil hasta una frecuencia de 33 GHz, si bien suele dejar de utilizarse a partir de los 18 GHz, existen tipos diseñados para 26,5 GHz. Los hay machos y hembras.

Conector SMA Macho   Conector SMA hembra

✓ **Conector RP-SMA:** (RP = Reverse Polarity), con la tuerca en la hembra, lo suelen llevar las antenas Wi-Fi (conector hembra con rosca).

RP-SMA macho   RP-SMA hembra

✓ **Conector BNC:** (Bayone-Neill-Concelman), es un tipo de conector, de rápida conexión/desconexión, con impedancia de 50 Ω, utilizado para cable coaxial, usado con cables coaxiales como RG-58 y RG-59 en aplicaciones de RF que precisaban de un conector rápido, apto para UHF y de impedancia constante a lo largo de un amplio espectro. Muy utilizado en equipos de radio de baja potencia, instrumentos de medición como osciloscopios, generadores, puentes, etcétera, por su versatilidad.

Conector BNC macho   Conector BNC hembra

✓ **Conector TNC:** (Threaded Neill-Concelman), es una versión con rosca del conector BNC. Tiene una impedancia de 50 Ω y el margen de frecuencias preferible a las que opera hasta 11 GHz. A frecuencias de microondas tiene un mejor comportamiento que el BNC.

Conector TNC macho   Conector TNC hembra

✓ **Conector UHF:** (Ultra High Frequency), es una banda del espectro electromagnético que ocupa el rango de frecuencias de 300 MHz a 3 GHz. En esta banda se produce la propagación por onda espacial troposférica, con una atenuación adicional máxima de 1 dB si está despejado la primera zona de Fresnal.

Conector UHF hembra   Conector UHF macho

> ➤ **Cable de fibra óptica**

El cable de fibra óptica consiste en un centro de cristal rodeado de varias capas de material protector. Lo que se transmite no son señales eléctricas sino luz con lo que se elimina la problemática de las interferencias. Esto lo hace ideal para entornos en los que haya gran cantidad de interferencias eléctricas. También se utiliza mucho en la conexión de redes entre edificios debido a su inmunidad a la humedad y a la exposición solar.

Con un cable de fibra óptica se pueden transmitir señales a distancias mucho mayores que con cables coaxiales o de par trenzado. Además, la cantidad de información capaz de transmitir es mayor por lo que es ideal para redes a través de las cuales se desee llevar a cabo videoconferencia o servicios interactivos. El coste es similar al cable coaxial o al cable UPT pero las dificultades de instalación y modificación son mayores. En algunas ocasiones escucharemos 10BaseF como referencia a este tipo de cableado. En realidad estas siglas hablan de una red Ethernet con cableado de fibra óptica.

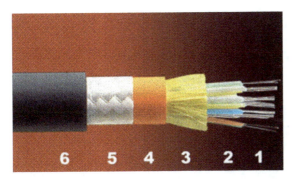

1. Fibra óptica
2. Protección secundaria (holgada o densa)
3. Elemento de tracción (aramida o fibra de vidrio)
4. Cubierta interna (PVC, polietileno...)
5. Coraza
6. Cubierta exterior (PVC, polietilieno...)

Características:

- ✓ El aislante exterior está hecho de teflón o PVC.

- ✓ Fibras Kevlar ayudan a dar fuerza al cable y hacer más difícil su ruptura.

- ✓ Se utiliza un recubrimiento de plástico para albergar a la fibra central.

- ✓ El centro del cable está hecho de cristal o de fibras plásticas.

Tipos de cable de fibra óptica

- ✓ **Monomodo:** Cuando presenta un único modo de transmisión. Se trata de una fibra de vidrio de entre 8.3 y 10 micrones, un diámetro relativamente estrecho. Proporciona una tasa de transmisión más alta y alcanza hasta 50 veces más distancia que uno multimodo. Se usa normalmente para enviar datos en multifrecuencia y en general resulta más costosa.

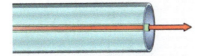

- ✓ **Multimodo:** es más grande y presenta diámetros de entre 50 y 100 micrones. En muchas ocasiones se requieren dos fibras para este tipo de cable. Permite una banda ancha con velocidades altas y está pensado para distancias medianas. Es más económico pero en cableados largos puede causar distorsión. Existen hasta cinco tipos de fibra óptica multimodo: OM1, OM2, OM3, OM4 y OM5.

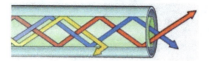

✓ **Plástica o POF:** es un recurso interesante cuando la cobertura no llega a ciertos rincones de la casa o la oficina, como alternativa a repetidores wifi o un PLC. Ya conocida en sectores como el aeronáutico o el de la automoción, se diferencia en que en vez del vidrio convencional usa un polímero. Su ventaja: es un cable flexible y delgado que al ser inmune al ruido eléctrico se puede introducir en tubos de corriente eléctrica ya existentes.

➕ **Conectores para fibra óptica**

En la actualidad existen una gran variedad de conectores usados para la terminación y comunicaciones de la fibra óptica. Pero describiremos los más populares en el mercado. Entre ellos tenemos:

✓ **ST** (*Straight Tip* ó Punta Recta): Es el conector más usado especialmente en terminaciones de cables MM y para aplicaciones de Redes.

✓ **SC** (*Subscriber Connector or «Square Connector»* ó Conector de Suscriptor): Conector de bajas pérdidas, muy usado en instalaciones de SM y aplicaciones de Redes y CATV.

✓ **LC** (*Lucent Connector or «Littlie Connector»* ó Conector pequeño): Conector más pequeño y sofisticado, usado en *Trasceivers* y equipos de comunicación de alta densidad de datos.

✓ **FC** (*Ferule Connector* ó Conector Férula): Conector usado para equipos de medición como OTDR. Además comúnmente utilizado en conexiones de CATV.

✓ **SMA** (*Sub Miniature A* ó Conector Sub Miniatura A): Usado en dispositivos electrónico con algunos acoplamientos ópticos. Además de uso Militar.

Resumen de tipos de cables empleados

Especificación	Tipo de Cable	Longitud Máxima
10BaseT	UTP	100 m
10Base2	Thin Coaxial	185 m
10Base5	Thick Coaccial	500 m
10BaseF	Fibbra Óptica	2000 m

- **Redes LAN sin cableado**

No todas las redes se implementan sobre un cableado. Existen redes que utilizan señales de radio de alta frecuencia o haces infrarrojos para comunicarse. Cada punto de la red tiene una antena desde la que emite y recibe. Para largas distancias se pueden utilizar teléfonos móviles o satélites.

Este tipo de conexión está especialmente indicada para su uso con portátiles o para edificios viejos en los que es imposible instalar un cableado.

Las desventajas de este tipo de redes son sus altos costes, su susceptibilidad a las intereferencias electromagnéticas y la baja seguridad que ofrecen. Además son más lentas que las redes que utilizan cableado.

8.5. ESTÁNDARES DE TELECOMUNICACIONES

El Instituto Americano Nacional de Estándares, la Asociación de Industrias de Telecomunicaciones y la Asociación de Industrias Electrónicas (ANSI/TIA/EIA) publican conjuntamente estándares para la manufactura, instalación y rendimiento de equipo y sistemas de telecomunicaciones y electrónico. Cinco de estos estándares de ANSI/TIA/EIA definen cableado de telecomunicaciones en edificios. Cada estándar cubre un parte específico del cableado del edificio. Los estándares establecen el cable, hardware, equipo, diseño y prácticas de instalación requeridas. Cada estándar ANSI/TIA/EIA menciona estándares relacionados y otros materiales de referencia. La mayoría de los estándares incluyen secciones que definen términos importantes, acrónimos y símbolos.

Los cinco estándares principales de **ANSI/TIA/EIA** que gobiernan el cableado de telecomunicaciones en edificios son:

1. **ANSI/TIA/EIA-568-A.** Estándar de Cableado de Telecomunicaciones en Edificios Comerciales

2. **ANSI/TIA/EIA-569.** Estándar para Ductos y Espacios de Telecomunicaciones en Edificios Comerciales

3. **ANSI/TIA/EIA-570.** Estándar de Alambrado de Telecomunicaciones Residencial y Comercial Liviano

4. **ANSI/TIA/EIA-606.** Estándar de Administración para la Infraestructura de Telecomunicaciones de Edificios Comerciales (canalización, ubicación de equipos y sistemas de cableado).

5. **ANSI/TIA/EIA-607.** Requerimientos para Telecomunicaciones de Puesta a Tierra y Puenteado de Edificios Comerciales

En desarrollo se encuentran otros nuevos estándares:

- EIA/TIA pn-2416 Cableado troncal para edificios residenciales.

- EIA/TIA pn-3012 Cableado de instalaciones con fibra óptica.

- EIA/TIA pn-3013 Cableado de instalaciones de la red principal de edificios con fibra óptica monomodo.

Por su parte, la normativa europea **CENELEC** recoge otras especificaciones entre las que destacan:

- EN 50167 Cables de distribución horizontal (Especificación intermedia para cables con pantalla común para utilización en cableados horizontales para la transmisión digital).

- EN 50168 Cables de parcheo y conexión a los terminales (Especificación intermedia para cables con pantalla común para utilización en cableados de áreas de trabajo para la transmisión digital).

- EN 50169 Cables de distribución vertical (Especificación intermedia para cables con pantalla común para utilización en cableados troncales (campus y verticales) para la transmisión digital).

- EN 50174 Guía de instalación de un proyecto pre cableado.

- EN 50098-1 Norma sobre instalación de un usuario de acceso básico a la RDSI (completa la ETS 300012).

- EN 50098-2 Norma sobre acceso primario a la RDSI (completa la ETS 30011).

- EN 50098-3 Norma sobre instalación del cable.

- EN 50098-4 Norma sobre cableado estructurado de propósito general.

8.6. NORMAS PARA EL CABLEADO PAR TRENZADO (UTP)

Existen dos normas para el cableado estructurado la norma /EIA/TIA-568-A y la norma TIA/EIA-568-B. La intención de estos estándares es proveer una serie de prácticas recomendadas para el diseño y la instalación de sistemas de cableado que soporten una amplia variedad de los servicios existentes, y la posibilidad de soportar servicios futuros que sean diseñados considerando los estándares de cableado.

- *La norma ANSI/EIA/TIA-568-A* es el documento principal que regula todo lo concerniente a edificios comerciales donde también se hacen algunas recomendaciones para:

  ➤ Las topologías.

  ➤ La distancia máxima de los cables.

  ➤ El rendimiento de los componentes.

  ➤ Las tomas y los conectores de telecomunicaciones.

Las aplicaciones que emplean el sistema de cableado de telecomunicaciones incluyen, pero no están limitadas a: voz, datos, texto, vídeo e imágenes.

- *La norma TIA/EIA-568-B* pretende definir estándares que permitan el diseño e implementación de sistemas de cableado estructurado para edificios de oficinas, y entre edificios de campus universitarios. La mayor parte del estándar se ocupa de definir los tipos de cables, distancias, conectores, arquitecturas de sistemas de cableado, estándares para los terminales y características de prestación, requerimientos de instalación del cableado, y métodos de comprobación de los cables instalados.

Conexión RJ45 Normas T568A y T568B

Pin	Cable	Color, T568A	Color, T568B	RJ45 pines
1	positivo	blanco/verde rayado	blanco/naranja rayado	
2	negativo	verde entero	naranja entero	
3	positivo	blanco/naranja rayado	blanco/verde rayado	
4	negativo	azul entero	azul entero	
5	positivo	blanco/azul rayado	blanco/azul rayado	
6	negativo	naranja entero	verde entero	
7	positivo	blanco/marrón rayado	blanco/marrón rayado	
8	negativo	marrón entero	marrón entero	

Para la construcción de la conexión física de nuestra red punto a punto, utilizaremos el cable UTP, conector RJ45, un alicate especial (climping), este alicate nos servirá para sujetar el conector RJ45 al cable UTP y hacer que los cables de este hagan contacto con los fines conector.

Si se desea construir un cable trenzado cruzado por falta de algún hub o switch, lo que se tiene que realizar es poner en un extremo del cable el estándar 568A y en el otro extremo la configuración del estándar 568B.

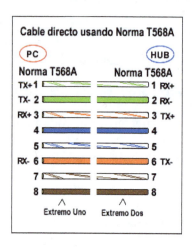 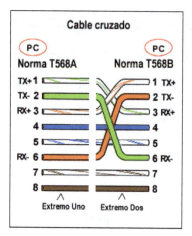

8.7. CONFIGURACIÓN DE UNA RED PUNTO A PUNTO EN WINDOWS7

Una conexión de equipos punto a punto, es una red entre dos equipos que permiten compartir información y servicios, sin necesidad de utilizar un router o switch.

Este tipo de conexiones son muy comunes entre dos equipos, pero son bastante engorrosas a partir de esta cantidad. Allí, es recomendable utilizar redes más tradicionales con modem y routers.

Necesitaremos además de las 2 PC's un cable de red cruzado (cross over).

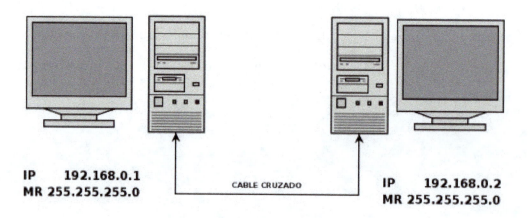

- En primer lugar conectamos cada extremo del cable a una PC diferente.

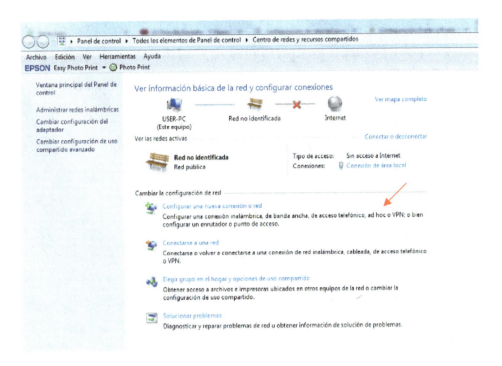

- Una vez conectada vamos a Centros de redes y recursos compartidos. Aguardamos que termine de identificar la red y hacemos click sobre Conexion de area local.

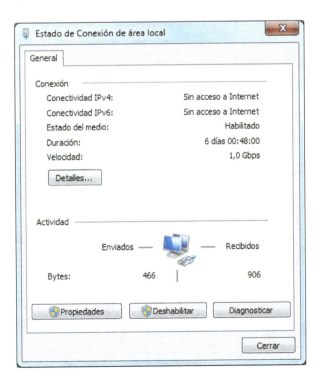

- En esta ventana hacemos click sobre Propiedades. Ahora deberemos modificar la opción de IP automática a usar la siguiente direccion IP. Ponemos dos IP's diferentes pero que estén en la misma red, por ejemplo para la PC1 ponemos 192.172.1.1 y para la PC2 ponemos 192.172.1.2, de manera que estén en la misma red. La máscara de subred dejamos la misma para las dos computadoras.

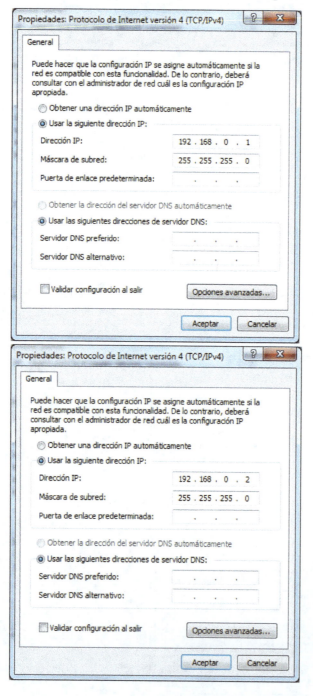

- Aceptamos las dos ventanas y ya estaremos en red. Solo resta seleccionar que la red sea doméstica, de esta manera podremos compartir los archivos con la otra PC y viceversa. Por lo general al conectar los cables aparece el cartel para seleccionar, ahí seleccionamos Red Doméstica. En caso de no aparecer vamos al centro de recursos compartidos nuevamente y en la esquina inferior izquierda tenemos Grupo Hogar, ingresamos y veremos una imagen como la siguiente.

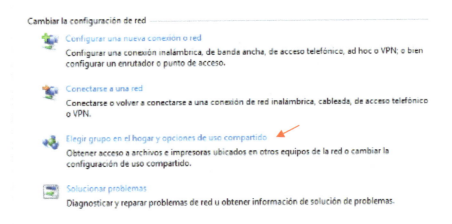

- En este paso vemos que la otra PC ya está conectada al grupo, así que solo presionamos Unirse Ahora, y por ultimo deberemos copiar la contraseña que seguramente le brindaron a la otra PC. El orden es indistinto, quien primero selecciona la red doméstica obtiene acceso a la contraseña, y este es quien se la brinda al usuario de la otra PC.

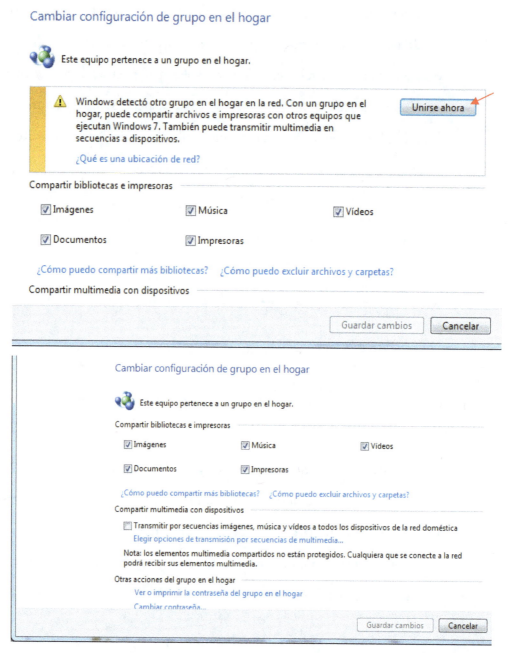

- Se elige todos los recursos a compartir y se guarda los cambios, uniéndose los dos equipos al mismo grupo de trabajo, teniendo en cuenta que para ello, ambos equipos deben estar en el mismo grupo de trabajo, de lo contrario no será posible la conexión punto a punto.

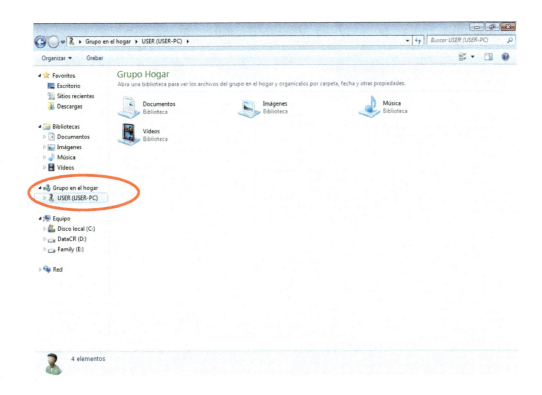

ANEXOS

ANEXO 3: PUERTOS Y DISPOSITIVOS QUE SE CONECTAN

NOMBRE	CODIGO	DISPOSITIVOS QUE SE CONECTAN	DIBUJO
Puerto serial COM1	DB9P	Mouse serial	
Puerto serial COM2	DB25P	Impresora serial, Fax/modem externo	
Video VGA-Mono	DB9S	Monitor monocromático	
Game port	DB15S(dos pisos)	Joystick, volante para juegos, instrumentos MDI (órgano, guitarra, etc.)	
Video VGA-Color	DB15S(tres pisos)	Monitor Color	
Video	DVI	Monitor gaming	
Video	HDMI	Monitor: HD (1280 x 720) y Full-HD (1920 x 1080)	
Puerto paralelo LPT1	DB25S(dos pisos)	Impresora, HDD ext, ZipIP ext, scanner	
Bus Universal	USB	Cámara web, Zip, Impresoras	
Keyboard	DIN 5	Teclado serial	
Keyboard	PS/2 o MiniDin 5	Teclado PS/2, Mouse PS/2	
Puerto híbrido	eSata	Dispositivos externos (SATA / USB)	
FireWire	Firewire /IEEE 1394	Dispositivos digitales (camaras web, discos duros, etc.)	
COMUNICACIONES			
Para cable coaxial	BNC	Redes (cable coaxial), tarjeta de red	
Para cable coaxial	SMA/RP	Redes (cable coaxial) antenas inalámbricas	
Puerto LAN	RJ45 (8 contactos) Ethernet	Redes (cable UTP), tarjeta de red, red LAN	
To Wall-Line	RJ11 (4 contactos)	Línea telefónica	
To Phone-PH	RJ11(4 contactos)	Teléfono, tarjeta faxmodem	
Fibra Óptica	SFP		
MULTIMEDIA			
Line In	L-IN	Entrada de audio (casette, CD, sintetizador)	
Microphone in	MIC	Micrófono	
Line Out	L-OUT	Salida de audio (amplificador stereo)	
Speakers	SPK	Salida de parlantes (speakers), audifonos	

GLOSARIO DE TÉRMINOS

La industria del hardware está llena de siglas (acrónimos) que se emplean para abreviar diversos términos. Este glosario define muchos de estos, así como del término el cual provienen.

Este glosario contiene acrónimos que son aplicables a los temas cubiertos en este manual.

- **ACPI:** Advanced Configuration and Power Interface, un sistema por el cual las computadoras moderas se puede controlar el consumo eléctrico del computador por el software.

- **AGP:** Siglas en inglés de Puerto de Gráficos Acelerados. Nuevo estándar introducido por Intel y otras empresas, para manejar el gran flujo de información necesario para el despliegue de imágenes de alta calidad en movimiento. Todas las tarjetas de video modernas utilizan la ranura.

- **ANSI:** American National Standard Institute, o Instituto Nacional Americano de Estándares. Organización no gubernamental que, desde 1918, se encarga de proponer, modificar, aprobar y publicar estándares de procesamiento de datos, para su uso voluntario en Estados Unidos. En la organización que representa a ese país ante la ISO (Organización Internacional de Estándares) y ante la IEC (comisión Internacional de Electrotécnica).

- **AMP:** Advanced Power Management, Administración Avanzada de Energía. Permite que los programas de aplicación, el BIOS del sistema y el hardware trabajen juntos para reducir el consumo de energía.

- **ASCII:** American Standard Code Information Interchange, o Código Estándar Americanos para el Intercambio de Información. Uno de los primeros y más usados códigos de caracteres. Existen en versiones de 7 bits (del 0 al 127) u 8 bits (del 0 al 255).

- **AT:** Siglas de "Tecnología Avanzada". Segunda generación de máquinas del estándar PC. En realidad, la plataforma PC tal y como la conocemos ahora, está basada prácticamente en las máquinas AT más que en las XT. Fue en la generación de sistemas AT, cuando se fijaron parámetros tales como la cantidad y distribución de interrupciones (IRQ), accesos directos a memoria (DMA) y direcciones de entrada-salida (I/O).

- **ATA:** Advanced Technology Attchment, Dispositivo Conector de Tecnología Avanzada. El estándar en que se basa la tecnología IDE.

- **ATA-2:** extensión del estándar ATA para diseño de dispositivos IDE que añade modos PIO-4 la definición del modo de acceso LBA.

- **ATA-3:** Última versión del estándar ATA para diseño de dispositivos IDE que añade mayor fiabilidad en los modos PIO y DMA avanzados, así como SMART para el análisis de fallos.

- **ATAPI:** AT Attachment Packet Interface, o interfaz de conexión AT por paquetes o paquete interfaz de conexión AT. El estándar que designa los dispositivos que pueden conectarse a controladoras ATA (IDE), como por ejemplo lectores de CD-ROM o cintas.

- **ATX:** (Advanced Technology Extended - Tecnología avanzada ampliada) Formato de la motherboard donde la motherboard por lo general es de 9,6 x 12 pulgadas.

- **Baby-AT:** El formato de la placa base más extendido en el mundo PC, en progresiva sustitución por el ATX, del que se diferencia entre otras cosas por usar clavija DIN ancha para el teclado y tener una peor disposición con los componentes.

- **BEDO:** Burst-EDO, tipo de memoria RAM, de mejores características que la DRAN, FPM y EDO y similares o mejores que la SDRAM.

- **BIOS:** Basic Input/Output System. Sistema básico de ingreso / salida de datos. Conjunto de procedimiento que controla el flujo de datos entre el sistema operativo y dispositivos tales como disco rígido, placa de video, teclado, mouse y la impresora.

- **BIT:** Es la sigla del inglés Binary Digit (dígito binario) y representa la unidad mínima de información posible, ya que equivale a un golpe de corriente con un valor que puede ser uno (que equivale a encendido) o bien, cero (apagado).

- **BNC:** British National Conector, o Conector Nacional Británico. Conector diseñado originalmente en Inglaterra para estándares de TV. Se usa actualmente con cable coaxial. Aunque el término es redundante, se les conoce como conectores BNC. Se usan en las redes LAN Ethernet.

- **BPS:** Bits por segundo. Unidad de transmisión de datos, empleada principalmente en referencia a módems o comunicaciones de red. En ocasiones se les confunde con baudios.

- **BTX (Balanced Technology Extended):** Tecnología balanceada ampliada. Formato de la motherboard donde la motherboard por lo general es de 12,8 x 10,5 pulgadas.

- **BUFFER:** memoria dedicada a almacenar temporalmente la información que debe procesar un dispositivo hardware para que éste puede hacerlo sin bajar el rendimiento de la transferencia. Aparece típicamente en discos duros y CD-ROMs.

- **BUS:** Camino físico por donde se transmiten señales electrónicas entre los circuitos de un PC.

- **CACHÉ:** Sección reservada de la memoria, que se utiliza para mejorar el rendimiento. Los bloques de instrucciones y datos se copian en el caché, permitiendo que la ejecución de las instrucciones y la actualización de los datos se haga a alta velocidad.

- **CAD:** Computer Assisted Draw, o Dibujo Asistido por Computador; generalmente se refiere al específicamente arquitectónico o ingenieril.

- **CD-ROM:** Sigla que significa Compact Disc-Read Only Memory o Disco Compacto-Memoria Sólo de Lectura (no pueden ser grabados). Contienen información digital, vale decir, datos que pueden ser representado por bits: combinaciones de unos y ceros. Así, a nivel microscópico, se puede encontrar en los surcos del CD pequeñas muescas y sectores planos, para indicar esos unos y ceros, que son leídos mediante un rayo láser, que va recorriendo la superficie del disco mientras éste va girando.

- **CD-WR:** CD Write Read, o CD Grabable. CDs que pueden grabarse y leers muchas veces según se desee.

- **CGA:** Computer Graphics Array, o Dispositivo Gráfico por Computadoras. Color Graphic Adapter o Adaptador Gráfico a Color. Un tipo de tarjeta gráfica capaz de obtener 80x25 caracteres con 16 colores, 320x200 puntos con cuatro colores o 640x200 con 2 colores.

- **CHIP:** Abreviatura de ¨mircrochip¨. Circuito muy pequeño compuesto por miles a millones de transistores impresos sobre una oblea de silicio.

- **CHS:** Cylinder Head Sector, o Sector de la Cabeza de Cilindro. Término que se utiliza para describir el esquema no traducible utilizado por el BIOS para acceder a unidades IDE con una capacidad menor o igual a 512Mb. Vea también LBA.

- **CLÓNICO:** Computador montado a partir de piezas de terceros fabricantes, en el cual no existe tecnología aportada por el ensamblador; también denominado computador ensamblado.

- **CMOS: (Complementary Metal Oxide Semiconductor):** MOS. Complementario. Tecnología de transistores y circuitos integrados de bajo consumo de corriente.

- **COM:** Acrónimo con el que se designa a cada uno de los puertos seriales o de comunicaciones.

- **CON:** nombre con el que el DOS se redefine a la pantalla o al teclado, según se trate de un dispositivo de destino o fuente de los datos.

- **CONECTOR RCA:** También denominado conector de audio. Conector macho hembra para cable coaxial de dos alambres utilizado para conectar componentes de audio y video. La clavija es una punta de 1/8" de grosor que sobresale 5/15 de pulgada desde el centro de un cilindro.

- **CONECTOR Y:** Y-conector. Cable separador en forma de Y que divide una entrada de origen en dos señales de salida.

- **COOLER:** Ventilador que se utiliza en los gabinetes de computadoras y otros dispositivos electrónicos para refrigerarlos. Por lo general el aire caliente es sacado desde el interior del dispositivo con los coolers.

- **CPS:** Caracteres por segundo que puede escribir una impresora.

- **CPU:** Central Processing Unit, o Unidad Central de Proceso. El "cerebro" de un computador; en general, sinónimo de microprocesador. En ocasiones se usa para referirse a toda la caja que contiene la placa base, el micro y las tarjetas de expansión.

- **CTR (Catodic Ray Tube):** Tubos de Rayos Catódicos, pantalla de rayos catódicos o pantalla catódica. El monitor CRT es un dispositivo que permite la visualización de imágenes procedentes de la computadora, por medio del puerto de video hasta los circuitos del monitor.

- **DAT:** Digital Audio Tape, o Cinta Digital de Audio. Pequeña cinta de cassette para almacenar grandes volúmenes de información digital. Denominada en ocasiones cinta de 4mm. Un cassette DAT puede almacenar entre 1 Gb y (Gb de datos)

- **DDR (Double Data Rate)**: Velocidad de datos doble. Tipo de memoria en la cual los datos se transfieren tanto en los bordes de ascenso y de descenso de la señal del reloj.

- **DDR2 (Double Data Rate 2)**: Memoria de velocidad de datos doble tipo 2. Memoria que bombea el bus de datos de forma doble. DDR2 permite una mayor velocidad del bus y requiere un menor consumo de energía mediante la ejecución del reloj interno a la mitad de la velocidad del bus de datos.

- **DDR3 (Double Data Rate 3)**: Memoria de velocidad de datos doble tipo 3. Tipo de memoria con una interfaz de alto ancho de banda, que se utiliza desde 2007.

- **DDR4 (Double Data Rate 4)**: es una memoria de acceso aleatorio de cuarta generación de doble velocidad de datos de la familia SDRAM y que tiene un voltaje de funcionamiento de 1,2 voltios. Este consumo de energía reducido conduce a una mejor duración de la batería en dispositivos portátiles como teléfonos y tabletas.

- **DDR5 (Double Data Rate 5)**: Memoria de velocidad de datos doble tipo 5. cuenta con numerosas actualizaciones incrementales en las áreas de velocidad, rendimiento, administración y consumo de energía y ancho de banda. Las normas especifican que la memoria RAM funciona con un voltaje de 1,1V y tiene una capacidad total de 6,4 GB/s.

- **DIMM**: Dual In-Line Package. Tipo de conector para memoria RAM; los módulos a conectar tienen 168 contactos.

- **DIN**: Deutsche Industrie Norme, o Norma Industrial Alemana.

- **DISIPADOR**: Este se encargado de eliminar cualquier exceso de calor en el procesador absorbiendo el calor y expulsándolo por el "Ventilador".

- **DMA (Direct Memory Access):** Acceso directo a memoria, Característica de PC que permite que un dispositivo acceda a la memoria del sistema sin depender de la CPU para transferir los datos.

- **DOT PITCH:** Ancho de Punto. La distancia entre dos fósforos del mismo color en una pantalla; cuando menor sea, mayor nitidez.

- **DPI:** Dots per inch, o puntos por pulgada (en español, ppp). Número de puntos que imprime una impresora en cada pulgada; 300 dpi significa 300x300 en cada pulgada cuadrada.

- **DRAM (Dynamic Random-Access Memory):** Memoria dinámica de acceso aleatorio. Tipo de memoria que almacena cada bit de datos en un condensador por separado en un circuito integrado.

- **DRIVER:** Pequeño programa cuya función es controlar el funcionamiento de un dispositivo del computador bajo un determinado sistema operativo.

- **DVD:** Digital Video Device, o Dispositivo Digital de Video. Dispositivo óptico de almacenamiento masivo capaz de albergar entre 4,7 y 17 GB en cada disco de 12 cm. (de apariencia similar a los CDs).

- **DVI:** Es una interfaz de vídeo diseñada para obtener la máxima calidad de visualización posible en pantallas digitales, tales como los monitores de cristal líquido de pantalla plana y los proyectores digitales.

- **ECP:** Extended Capability Port, o Puerto de Capacidad Extendida. Tipo de puerto paralelo compatible con el original pero que ofrece mayores prestaciones de velocidad, así como bidireccionalidad.

- **EDO:** Extended Data Out. Tipo de memoria RAM, de mejores características que la DRAM y FPM pero inferior a la SDRAM.

- **EEPROM (Electrically Erasable Programmable read-Only Memory):** Memoria de solo lectura, programable y de borrado eléctrico. Tipo de memoria no volátil que se utiliza en computadoras.

- **EGA:** Extended Graphics Array, o Dispositivo Gráfico Extendido. Un tipo de tarjeta gráfica capaz de obtener hasta 640x350 puntos con 16 colores.

- **EIDE:** Enhanced IDE, o IDE mejorado. Actualmente el estándar para manejo de discos duros; también llamado ATAPI o ATA-4. Permite manejar hasta 4 dispositivos (discos duros, CD-ROMs...) en dos canales IDE separados, cada uno con su interrupción IRQ correspondiente. En la actualidad, casi todos los PC's llevan una controladora EIDE integrada en la placa base.

- **EISA:** Extended-ISA, tipo de slot de tarjetas de ampliación basado en el estándar ISA pero de 32 bits y capaz de 32 MB/s de transferencia; actualmente en desuso debido a la implantación del PCI.

- **EPP:** Enhanced Paralel Port, Puerto Paralelo Mejorado. Tipo de puerto compatible con el original pero que ofrece mayores prestaciones de velocidad, así como bidireccionalidad.

- **EPROM:** Erasable Programable ROM, o ROM Borrable y Programable. Un chip de memoria que mantiene su contenido sin alimentación eléctrica y cuyo contenido puede ser borrado y reprogramado mediante la luz ultravioleta.

- **ESCÁNER:** aparato capaz de introducir información óptica (documentos, fotos...) en el computador.

- **ETHERNET:** Un estándar para redes de computadoras muy utilizado por su aceptable velocidad y bajo coste. Admite varias velocidades según el tipo de hardware utilizado.

- **ENTRELAZADO:** Sistema en desuso consistente en dibujar en el monitor primero todas las horizontales pares y después las impares, consiguiendo altas resoluciones a bajo precio pero con gran cansancio visual.

- **FAT:** File Asign Table, o Tabla de Asignación de Archivos. Tabla que se mantiene en las primeras pistas de un disco que sectores están asignados a cada archivo en qué orden.

- **FDD:** Floppy Disk Device, forma inglesa de denominar la disquetera.

- **FLASH-BIOS:** Una BIOS implementada en flash-ROM.

- **FLASH-ROM:** Un tipo de memoria que no se borra al apagar al computador, pero que puede modificarse mediante el software adecuado.

- **FLOP:** Floating-Point Operation, u Operación de Coma Flotante; cada una de las operaciones matemáticas de dicha clase que es capaz de realizar un microprocesador. Se usa para medir el rendimiento del mismo, generalmente en millones de FLOPs (MFLOPs).

- **FLOPPY:** Forma inglesa de denominar al disquete.

- **FM:** Tipo de tecnología utilizado en tarjetas de sonido de gama media, consisten en reproducir el sonido mediante un sintetizador musical FM. Obteniendo un resultado menos real que el ofrecido por las tarjetas wave table.

- **FPM:** Fast Page Mode, tipo de memoria RAM, de mejores características que la DRAM pero interior de la EDO o SDRAM. A veces se denomina (incorrectamente) DRAM.

- **GB:** Gigabyte, múltiplo del byte equivalente a 1024 megabytes. Más correcta, aunque menos utilizada, es la forma Gb. Coloquialmente giga.

- **GT/s:** Es una variable utilizada en microprocesadores Intel de nueva generación denominada iX (la familia ó gama i3, i5, i7), la cual significa (GigaTransferences/second) ó GigaTransferencias/segundo. En la práctica, los GT's se refieren a los datos que se están enviando y recibiendo simultáneamente de manera efectiva y no hay que confundirla con la velocidad en Giga Hertz (GHz).

- **GUI:** Graphical User Interface, Interfaz Gráfica de Usuario. Programa software que gestiona la interacción con el usuario de manera gráfica mediante el uso de íconos, menús, ratón...

- **HDD:** Hard Disk Device, forma inglesa de denominar al disco duro.

- **HDMI:** Es una norma de audio y vídeo digital cifrado sin compresión apoyada por la industria para que sea el sustituto del euroconector. HDMI provee una interfaz entre cualquier fuente de audio y vídeo digital como podría ser un sintonizador TDT, un reproductor de Blu-ray, un Tablet PC, un computador (Microsoft Windows, Linux, Apple Mac OS X, etc.) o un receptor A/V, y monitor de audio/vídeo digital compatible, como un televisor digital (DTV).

- **HÉRCULES:** Tipo de tarjeta gráfica capaz de obtener 720x350 puntos con dos colores.

- **HPS:** Tipo de modem que utiliza partes de las capacidades del microprocesador del sistema operativo (generalmente Windows 95) para realizar tareas que en otros módems realizarían chips especiales, reduciendo su precio a costa de perder versatilidad precisar micros potentes.

- **IDE (Integrated Drive Electronics):** Interface de almacenamiento masivo cuyo controlador se encuentra en el drive que lo usa, como un disco duro o CD rom.

- **I/O:** Imput/Ouput, o Entrada/Salida. Generalmente hace referencia a dispositivos o puertos de comunicación (serie, paralelo, jostinck...) o las tarjeta que los controla (si no están integradas en la placa madre).

- **IP (Internet Protocol):** es un protocolo de comunicación de datos digitales clasificado funcionalmente en la capa de red según el modelo internacional OSI.

- **IPW:** Incremental Packet Writer, o Grabador Incremental de Paquetes. Un método utilizado en grabadoras de CD-ROM modernas para gestionar más eficazmente la escritura de los datos.

- **IRQ:** Interrup ReQuest, o Solicitud de Interrupción. Cada uno de los canales usados para gestionar muchos dispositivos hardware, como tarjetas de expansión o controladoras. En algunos XT eran 8, en computadoras ATs y superior 16 (de la 0 a la 15)

- **ISA (Industry Standard Architecture):** Megabus anterior a PCI. Slots o ranuras de expansión con que aparecieron los primeros PC's, trabajaban a velocidades de 16 bits.

- **ISDN:** La palabra inglesa para "RDSI".

- **ISO:** International Standard Organization, Organización para Estándares Internacionales.

- **JUMPER:** Puente eléctrico. Tramo de alambre o lámina metálica que generalmente se usa para realizar conexiones eléctricas removibles en tableros y aparatos eléctricos.

- **L1 CACHE (Caché L1):** El nivel más pequeño y más rápido de caché de CPU. Es el primer nivel de caché utilizado por la CPU.

- **L2 CACHE (Caché L2):** Ligeramente más grande y más lenta que la caché L1. Es el segundo nivel de caché utilizado por la CPU.

- **L3 CACHE (Caché L3):** Ligeramente más grande y más lenta que la caché L2. Es el tercer nivel de caché utilizado por la CPU.

- **LCD (Liquid Crystal Display):** Pantalla de cristal líquido. Tipo de pantalla plana.

- **LED (Light Emitting Diode):** Diodo emisor de luz. Pequeña fuente de luz.

- **LGA (Land Grid Arra):** La interfas LGA no presenta ni pines ni esferas, la conexión de la que dispone el chip es únicamente una matriz de superficies conductoras o contactos chapada en oro que hacen contacto con la placa base a través del zócalo de CPU.

- **PCI. (Peripheral Component Interconnect):** Término que clasifica a un tipo de Slot. Son los vigentes hoy en día para agregar placas adicionales a un PC.

- **PCI EXPRESS:** Es un nuevo desarrollo del bus PCI que usa los conceptos de programación y los estándares de comunicación existentes, pero se basa en un sistema de comunicación serie mucho más rápido. Este sistema es apoyado principalmente por Intel, que empezó a desarrollar el estándar con nombre de proyecto Arapahoe después de retirarse del sistema Infiniband.

- **PCH** - Concentrador de controladores de plataforma.

- **PCMCIA (Asociación para la Interfaz de Tarjetas de Memoria para PC):** Estándar utilizado para conectar equipo periférico a computadoras portátiles, en forma de tarjetas de expansión (puede ser un módem, una tarjeta de red, un disco duro externo, etc.).

- **PGA (*pin grid array*):** Es una interfaz de conexión a nivel físico para microprocesadores y circuitos integrados o microchips. Su alineación de pines se presenta en forma horizontal y vertical.

- **PPP:** Puntos por pulgada (en inglés, "dpi"). Número de puntos que imprime una impresora en cada pulgada; "300 dpi" significa 300x300 puntos en cada pulgada cuadrada.

- **PRN:** Nombre con el que el DOS se refiere al puerto de impresora en uso (LPT1 u otro).

- **PROM:** Programable ROM, o ROM Programable. Un chip de memoria para desarrollar firmware.

- **PS/2:** Generación de computadoras personales fabricadas por IBM (a partir de la tercera generación de PCs), que introdujo cambios significativos; por ejemplo, un conector pequeño para el teclado y otro para el ratón, que desde entonces reciben el nombre de "teclado PS/2" y "ratón PS/ 2", respectivamente.

- **PUERTO:** Punto de entrada o salida de datos en un computador. Ejemplos de puertos son: COM1 en donde se conecta el mouse, PS/2 que en equipos de marca conecta al teclado o al mouse, USB que permite conectar cámaras para Internet, impresoras y scanners, LPT1 puerto que conecta impresoras.

- **RAM:** Random Access Memory, o Memoria de Acceso Aleatorio. La memoria principal en la que se almacenan los datos durante el funcionamiento de un computador, la cual se borra al apagarlo. De diversos tipos (Fast Page, EDO, SDRAM...) y conectores (SIMM, DIMM...).

- **RAMDAC:** Conversor analógico-digital (DAC) de la memoria RAM, empleado en las tarjetas gráficas para transformar la señal digital con que trabaja el computador en una salida analógica que pueda entender el monitor.

- **RDSI:** Red Digital de Servicios Integrados, las líneas digitales de teléfono, con caudales tipos de 64 o 128 kbps (kilobaudios por segundo).

- **REFRESH RATE:** Tasa de refresco de pantalla; el número de veces por segundo que se dibuja en el monitor una pantalla. Cuando mayor sea, mejor; se mide en herzios (Hz).

- **RISC:** Reduced Instruction Set Chip, un tipo de microprocesador que entiende sólo unas pocas instrucciones pero que es capaz de ejecutar a gran velocidad.

- **RIMM:** Nuevo tipo de memoria Ram que está siendo utilizada en motherboards que trabajan con Pentium IV. Es superior e incompatible con Simm.

- **RMS:** Root Mid Square, o Raíz Cuadrada Media, este valor representa un valor medio y constante de potencia que da un amplificador. Es un valor científicamente comprobable y se basa en una fórmula matemática. También se les llama "Watts Reales" aunque son totalmente medibles, todo va a depender de la forma cómo sean medidos y hoy por hoy, cada fabricante los mide de manera distinta por lo que no se puede definir de manera absoluta.

- **ROM:** Read Only Memory, o Memoria de Sólo Lectura. Un tipo de memoria "estática", es decir, que no se borra al apagar el computador y en principio en la que no puede escribirse, salvo que se empleen métodos especiales. Usada sobre todo para guardar la BIOS del computador.

- **RS22:** El tipo estándar de puerto serie.

- **SATA (ATA Serial):** Nuevo método, para que la computadora intercambie datos con su unidad de disco duro. Su principal característica, es que el flujo de datos entre ambos elementos se hace por medio de un cable serial, con muy pocas líneas (comparado con las 80 líneas de los cables convencionales ATA-66+). El protocolo SATA promete una muy alta tasa de transferencia de datos, indispensable para los grandes volúmenes de información que requieren los sistemas actuales.

- **SB 16:** SoundBlaster 16, una tarjeta de sonido de 16 bits de Creative Labs, en la cual se basa el estándar actual para tarjetas de sonido del que toma el nombre.

- **SCSI (Small Computer System Interface):** Interfaz para Sistemas de Cómputo Pequeños. Protocolo de comunicación entre una computadora y dispositivos periféricos (discos duros, escáner, unidad de disco óptico, etc.). Durante mucho tiempo, la interfaz SCSI se empleó en el segmento de los servidores o de las máquinas notablemente poderosas. Y aunque poco a poco los discos SCSI (discos que trabajan con esta interfaz) han sido desplazados por los discos tipo IDE, las unidades SCSI aún gozan de popularidad en el segmento de muy alto nivel.

- **SDRAM (Synchronous Dynamic Random Access Memory):** Memoria dinámica sincrónica de acceso aleatorio. Tipo de memoria que se sincroniza con el bus del sistema.

- **SETUP:** Programa de configuración residente en el Bios, que permite personalizar el PC según los componentes físicos disponibles.

- **SIMM:** Tipo de memoria Ram. Trabaja en varios rangos de velocidad según el bus que utiliza la motherboard: 66 MHz, 100 MHz, 133 MHz.

- **SL:** Siglas que hacen referencia a microprocesadores con características de ahorro energético, capaces de utilizar el Suspend Mode para reducir su actividad hasta detenerse.

- **SLAVE:** El nombre asignado al segundo de los dos dispositivos de un canal IDE, en contraste al "master", que es el primero.

- **SLOT:** Ranuras existentes en las motherboards que permiten insertar una nueva placa (como un modem o placa de video) o módulo. En algunas geografías se les llama bahías.

- **SOCKET (SOPORTE):** Conector eléctrico, toma de corriente, enchufe. Un socket es el punto final de una conexión. Método de comunicación entre un programa cliente y un programa servidor en una red.

- **SOFTWARE:** Los programas de computador, la lógica que le permite realizar tareas al hardware (la parte física).

- **SO-DIMM (Small Outline Dual In-Line Memory Module):** Módulo de memoria en línea doble de esquema pequeño) Tiene un tamaño que es alrededor de la mitad de un DIMM regular. Esta memoria se usa a menudo en sistemas pequeños, tales como equipos portátiles o sistemas con motherboards Mini-ITX.

- **S/PDIF (Sony/Phillips Digital Interface - Interfaz digital Sony/Phillips):** Formato de archivo estándar para llevar las señales de sonido digitales.

- **SPEAKER:** Palabra inglesa que significa altavoz. En general designa al pequeño altavoz interno del computador o PC-speaker.

- **SPGA (Staggered Pin Grid Array):** Arreglos con grilla de pines en forma escalonada. Es un tipo de zócalo cuyo nombre comienza con *socket* o *súper* para los microprocesadores.

- **SPP:** Standar Parallel Port, la forma actual de denominar al tipo estándar de puerto paralelo para distinguirlo de otras versiones más avanzadas como ECP o EPP.

- **SRAM:** Static-RAM, RAM Estática. Un tipo de memoria de gran velocidad usada generalmente para memoria caché.

- **SUPER-DISK:** Dispositivo de almacenamiento de datos, consistente en una unidad lectora-grabadora y un soporte de datos de forma y tamaño, similares a un diskete de 35.5" y capacidad 120 MB. Ideado por la empresa Imation, mantiene la compatibilidad con los disquetes clásicos de 3.5".

- **SVGA:** Tipo de tarjeta gráfica, capaz de obtener 800x600 puntos en 16 colores.

- **TCP (Transmission Control Protocol):** Protocolo de control de transmisión. Protocolo de Internet que ofrece una secuencia de datos del emisor al receptor.

- **TFT *(Thin Film Transistor):*** Transistor de película delgada, lámina que conduce electricidad sobre la cual se colocan capas delgadas, y al activarse por medio del electrodo cada una, se van activando los colores, formándose de esta forma cada píxel.

- **TRACBALL:** Aparato apuntador similar al ratón en el que se desplaza con la mano, el pulgar o el índice una bola acoplada a una base que permanece fija.

- **UART:** El chip que controla los puertos serie.

- **UDF:** Universal Disk Format, un método derivado del IPW que se utiliza en grabadoras de CD-ROM modernas para gestionar más eficazmente la escritura de los datos. Ideal para realizar grabaciones en múltiples sesiones.

- **ULTRA-DMA:** Tecnología usada en los discos duros IDE más modernos para elevar la tasa de transferencia teórica máxima hasta 33 MB/s.

- **UNIX:** Un sistema operativo multiusuario y multitarea.

- **USB:** Siglas de Universal Serial Bus (Bus en Serie Universal) Se trata de un puerto, una vía de entrada y salida de datos estandarizada (el diseño es común para todos los fabricantes y, por tanto, se pueden usar indistintamente todos). Se usa para conectar diferentes periféricos al computador. La mayoría de éstos tienen la posibilidad de ser conectados por un puerto USB (impresoras, escáneres, ratones, pen-drives, lectores de mp3...).

- **VESA (1):** Un estándar de modo de video para tarjetas VGA y superiores, que permiten programar drivers compatibles con todas las tarjetas gráficas que cumplan estas normas, independiente del chip que incorporen.

- **VESA (2):** ver VLB, Vesa Local Bus.

- **VGA:** Se utiliza tanto para denominar al sistema gráfico de pantallas para PC (conector VGA de 15 clavijas D subminiatura).

- **VRAM (Video RAM - RAM de vídeo):** Tipo de memoria que se utiliza para almacenar el búfer de marcos en algunas tarjetas de gráficos. VRAM también se denomina memoria de vídeo o memoria de gráficos.

- **VRM (Voltage Regulator Module):** Módulo Regulador de Tensión. Este hace reducir la tensión entregada al zócalo del microprocesador o bien selecciona otro mecanismo para entregar la tensión correspondiente de trabajo.

- **XGA:** Extended Graphics Array, o Dispositivo Gráfico Extendido. Un tipo de tarjeta gráfica capaz de obtener hasta 1024x768 puntos en 16 colores.

- **XMS:** Extended Memory System, o Sistema de Memoria Extendida, una forma de acceder a la memoria superior (por encima de los primeros 640 Kb), mediante software como el HIMEM.SYS.

- **XT:** Tipo de computador compatible con el modelo denominado de esa forma por IBM. En general, cualquier PC compatible con disco duro y un procesador 8086 o superior.

- **ZIF:** Zero Insertion Force (socket), o Zócalo de Fuerza de Inserción Nula. Conector de forma cuadrada en el que se instalan algunos tipos de forma cuadrada en el que se instalan algunos tipos de microprocesador, caracterizado por emplear una palanquita que ayuda a instalarlo sin ejercer presión ("force") sobre las patillas del chip, muy delicadas.

- **ZIP:** (1) Tipo de archivo comprimido. Muy utilizado, especialmente en internet, fue ideado por la empresa PKWARE.

- **Zip:** (2) dispositivo de almacenamiento de datos, consistente en una unidad lectora-grabadora un soporte de datos de forma y tamaño similares a un disquete de 3.5 pulgadas capacidad 100 MB. Ideado por la empresa lomega.

- **Zip:** (2) dispositivo de almacenamiento de datos, consistente en una unidad lectora-grabadora un soporte de datos de forma y tamaño similares a un disquete de 3.5

REFERENCIAS DE INTERNET

- EL HARDWARE SUS COMPONENTES

  http://nuestracomputadoravirtual.blogspot.com/p/blog-page_19.html

- HIRENS BOOT

  https://sites.google.com/site/guiadeusodelhirensboot/

- YUMI Multiboot USB Creator

  https://www.pendrivelinux.com/

- PLACA MADRE

  https://concepto.de/placa-madre/#ixzz7VOVKzr1P

- SUPERANDO LA BARRERA DE LOS 32BITS

  https://hardzone.es/tutoriales/rendimiento/x86-32-bits-abandonar/

- ENSAMBLAJE DE UN COMPUTADOR

  www.pasarlascanutas.com/

- RED DE COMPUTADORAS

  https://concepto.de/red-de-computadoras/#ixzz7W3hyvC4a

- TIPOS DE CONECTORES

  https://soporte.syscom.mx/es/articles/1523798-tipos-de-conectores

- RED PUNTO A PUNTO EN WINDOWS 7.

  https://www.aprendiendopc.com/como-crear-una-red-punto-a-punto-en-windows-7-2

- FORMATEO DE UN COMPUTADOR

  https://pcredcom.com/blog/tutoriales/como-formatear-una-computadora-facilmente/

- FACTORES DE FORMA Y TIPOS DE FUENTE

  https://hardzone.es/2018/11/18/fuentes-de-alimentacion-factores-forma/

- TARJETAS DE SONIDO

  https://www.profesionalreview.com/hardware/mejores-tarjetas-sonido/

- TARJETA GRÁFICA

  https://hiraoka.com.pe/blog/post/tarjeta-grafica-que-es-y-como-funciona

LABORATORIO Nº 2

- **TEMA:** Ensamblado de una computadora.

- **RECURSOS Y MATERIALES NECESARIOS**

  - Case.

  - Accesorio de fijación: separadores, elevador, tornillos y arandelas.

  - Placa principal.

  - Fuente Principal

  - Microprocesador

  - Cooler procesador

  - Disco duro.

  - Destornillador estrella.

- **PROCEDIMIENTO**

  1. Preparar el case.
     - Retirar las tapas del case.
     - Colocar los separadores en case.
     - Colocar el latón de los puertos.

  2. Asentar la placa en el case.
     - Colocar la placa base dentro del case.
     - Comprobar la horizontalidad.

  3. Montar microprocesador y cooler.
     - Retirar el seguro del socket.

➤ Verificar la posición del microprocesador.

➤ Colocar el microprocesador.

➤ Colocar el seguro del socket.

➤ Asentar el cooler con sus seguros.

➤ Conectar energía de cooler a la placa.

4. Montar los discos.
    ➤ Posición del disco duro y unidades ópticas.

5. Conectar los cables (discos duros, unidades ópticas, etc.).
    ➤ Sentido correcto de los conectores sata.

    ➤ Ubicación del pin 1 al colocar el flat.

6. Conectar cables de energía eléctrica.
    ➤ Sentido correcto.

    ➤ Alimentación de la placa.

7. Colocar los leds y botones del panel frontal, audio, USB, etc.
    ➤ Leds: Power y HDD.

    ➤ Botones: Reset

    ➤ Speaker interno.

    ➤ Conector para audio.

    ➤ Conector para USB.

8. Cerrar el case.

• **PRECAUCIONES**

Revisar el sentido correcto de los conectores como su respectiva ubicación (pin 1, en caso del flat), antes de cerrar el case.

Revisar que las unidades de disco duro como unidades ópticas estén en la posición correcta, antes de cerrar el case.

LABORATORIO 3

- **TEMA:** construcción configuración de una red de área local.

- **RECURSOS Y MATERIALES NECESARIOS**

  ➢ Cable de red (3m.) CAT5 o CAT6

  ➢ Conectores RJ45 (4 Und.)

  ➢ Climping.

  ➢ Testeador de RJ45.

  ➢ Swicth (4)

- **PROCEDIMIENTO:**

  1. Armado de pach cord.

     ➢ Pelar cada extremo del cable de red.

     ➢ Distribuir los pares trensados según la norma ANSI/TIA/ EIA-568-B

     ➢ Montar el conector R45 en cada extremo del cable.

     ➢ Usar el alicate Climping para suetar el conector R45 al cable UTP, haciendo contacto los pines con el conector con el cable.

  2. Armado de la red LAN.

     ➢ Habilitar el swicth

     ➢ Prender las PC's

     ➢ Conectar los pash cord elaborados un extremo al swicth, y el otro extremo al puerto ethernet de la PC.

3. Configuración de la red LAN.

    ➢ Configurar los parámetros de red como: (direcciones IP).

    ➢ Otorgar permisos de acceso via remota.

    ➢ Crear una red en el hogar y compartir recursos.

- **PRECAUSIONES**

    ➢ Luego de la fabricación del pash cord, probar la funcionalidad del cable haciendo uso de un testeador para ver la operatividad del mismo, en tal caso fuera necesario cambiar el conector de un extremo del cable (el conector R45, es de un solo uso).

    ➢ En caso de no usar el testeador, realizar pruebas de comunicación valiéndose del comando PING, en la consola del sistema operativo luego de configurado los IP's. en tal caso, si las pruebas no pasan el cable podría estar mal fabricado (reaizar el ponchado nuevamente).

LABORATORIO 4

- **TEMA:** Virtualización.

- **RECURSOS Y MATERIALES NECESARIOS**

  ➢ Programa Virtualvox

- **PROCEDIMIENTO:**

  ➢ Instalación del programa virtualvox.

  ➢ Configuración del programa virtualvox

  ➢ Creación de una máquina virtual.

- **PRECAUCIONES**

  ➢ Antes de crear una máquina virtual asegurarse que se cuenta con espacio suficiente en el disco duro.

  ➢ Asignar el espacio correcto al crear nuestro disco virtual.

www.ingramcontent.com/pod-product-compliance
Lightning Source LLC
LaVergne TN
LVHW081657050326
832903LV00026B/1800